AF366592

PLAN D'ÉDUCATION

ET

D'INSTRUCTION

PUBLIQUES.

AVIS.

On ne doit pas confondre ce nouveau plan avec ceux des *la Chalotais*, des *Diderot*, des *Condorcet*, des *Taleyrand*, des *Chaptal*, qui se sont bornés à indiquer les reformes et les améliorations que l'enseignement exige; celui-ci propose les méthodes propres à rendre les études plus agréables, plus fructueuses et moins longues, et donne l'analyse des livres que l'Auteur se dispose à publier pour obtenir les heureux succès qu'on doit attendre d'une bonne instruction.

PLAN D'ÉDUCATION

ET

D'INSTRUCTION

PUBLIQUES,

Où l'on s'est appliqué à rendre l'Éducation et l'Instruction plus utiles, plus agréables aux particuliers, et moins dispendieuses pour le Gouvernement ; où l'on donne l'analyse des livres que ce nouveau plan exige, et où l'on indique des méthodes propres à produire les heureux effets qu'on s'en promet.

PAR HUBERT WANDELAINCOURT.

———

A PARIS,

Chez la Veuve FOURNIER, Libraire, rue Neuve-Notre-Dame, N.º 7.

═══════

AN 9. (1801.)

L'**Auteur** de ce plan n'étant pas en état de faire les frais
d'impression des divers ouvrages nécessaires à son exécution, les propose par souscription, en totalité ou en partie. Ces livres sont,

Pour les Ecoles primaires,

Nouvelle méthode pour apprendre à écrire, à lire et à orthographier;
Élémens les plus simples de la Morale;
Abrégé d'Histoire naturelle;
Notions élémentaires sur les Arts;
Arithmétique vulgaire.

Pour les Ecoles secondaires,

Traité de l'Homme, considéré individuellement et en société;
Cours d'Histoire naturelle;
Physique élémentaire;
Histoire ancienne et moderne;
Méthode pour juger de la valeur de nos idées, et des mots dont on
se sert pour les rendre;
Recueil de règles, pour lire avec fruit les bons Auteurs, et pour
guider un homme qui compose en tout genre de littérature.

Pour les Ecoles de filles,

Les mêmes ouvrages que pour les Ecoles primaires. Pour celles
qui veulent une instruction plus soignée,
Recueil de principes et d'exemples propres à inspirer le goût des
vertus sociales;
Méthode pour apprendre facilement la langue française, et l'écrire
correctement;
Abrégé des Arts;
Traité du Globe;
Notions sur l'air, le feu et l'eau;
L'Art de penser et de diriger ses jugements.

Pour le Latin,

Nouvelle méthode pour apprendre le latin;
Traduction littérale de plusieurs livres latins en tous genres;
Grammaire raisonnée, où l'on établit des principes généraux d'où
sortent les principes particuliers de chaque langue;
Cours d'histoires anciennes, tirées de Justin, de Tite-Live, de
Tacite, &c.;
Physique;
Logique;
Cours de littérature.

On souscrit, à Paris, chez la veuve *Fournier*, Libraire, rue
Neuve-Notre-Dame, n.° 7; et chez tous les Libraires de France.

PLAN D'ÉDUCATION

ET

D'INSTRUCTION PUBLIQUES,

Où l'on s'est appliqué à rendre l'instruction plus utile, plus agréable aux particuliers, et moins dispendieuse pour le Gouvernement ; où l'on indique des méthodes propres à produire ces heureux effets ; et où l'on donne l'analyse des livres que ce nouveau plan exige.

Les États les plus florissants et les plus heureux ont toujours été ceux dont la jeunesse avoit reçu la meilleure éducation. Les siècles grossiers et ignorants furent, dans tous les temps, les siècles des erreurs, des vices et des désordres destructeurs ; parce que le bonheur de l'État dépend de la manière dont chaque membre, qui le compose, remplit ses obligations, et que les fonctions des particuliers se ressentent des vertus ou des vices, des lumières ou de l'ignorance, qui sont toujours les suites de leur éducation.

Aussi tous les habiles législateurs ont-ils regardé la bonne éducation comme le moyen le plus sûr de rendre un empire stable et florissant. Ils ont pensé qu'il ne falloit pas abandonner à la volonté des parents la culture de ceux dont ils étoient les pères ; mais qu'il étoit nécessaire que la République, à laquelle ils doivent leurs travaux, se chargeât de ce soin. En conséquence l'éducation publique a toujours passé aux yeux des sages pour une affaire d'État, une affaire du premier ordre, de la plus haute considération, et la plus capable de contribuer à la gloire des Républiques et au bonheur des peuples.

A

De-là l'origine de l'éducation publique, qui soumet touts les membres d'un même état à une discipline uniforme, et propre à leur inspirer de bonne heure l'amour de la patrie, le respect pour les lois de la nation, le goût des maximes du lieu où ils doivent vivre , les vertus qui élèvent l'ame, qui l'affermissent dans la pratique constante du bien , et la portent vers la félicité publique, but unique de tout bon gouvernement, et auquel toutes les volontés doivent concourir et être subordonnées.

Les anciens conquérants sentirent l'importance de cette vérité, et ne trouverent pas de moyens plus efficaces pour conserver leurs conquêtes, que d'inspirer aux peuples qu'ils avoient vaincus le goût de leurs lois , de leurs mœurs , de leurs usages, que de leur faire faire les mêmes études , de leur donner la même éducation , et souvent d'adopter leurs coutumes.

C'est faute d'avoir employé ces moyens que Charlemagne, ce conquérant supérieur à tous ceux qui brillent dans l'histoire de France avec plus d'éclat, ne put , malgré des efforts inouïs, dans l'espace de plus de trente ans, subjuguer les Saxons, que son fil gagna en peu de temps par sa douceur et par les soins qu'il eut de les laisser vivre dans leurs anciens préjugés et leurs vieilles habitudes. César ne parvint à faire adopter par les Gaulois , dans un très-court espace de temps, les lois, les coutumes, et même les superstitions des Romains, qu'en leur donnant des écoles dans les villes les plus considérables des Gaules, comme Autun, Lyon, Bordeaux, Marseille. Ces deux peuples s'allièrent bientôt ensemble par des mariages, partagerent entr'eux les dignités de l'empire, les commandemens de l'armée , et se régirent par le même code de lois.

Cependant les Romains dégénérant de la vertu de leurs pères, les Gaulois, devenus Romains, dégénérent comme eux. Le luxe les corrompit , les liens , qui les unissoient, se relâcherent par la dissolution des mœurs ; et dès-lors ces deux peuples furent en butte aux dissentions, aux séditions, à touts les maux de l'anarchie, et furent opprimés par des nations mieux policées qu'eux.

Notre France ne reprit son premier lustre qu'en revenant aux premiers moyens. On releva les écoles, et à mesure que l'éducation s'affermissoit , les mœurs se réformoient, et l'ordre reparoissoit avec touts les avantages qui l'accompagnent toujours : mais malheureusement, dans le

(5)

temps qu'on s'occupa le plus sérieusement de cet objet,
les circonstances ne furent pas favorables, et les écoles
trouvèrent des préjugés établis, qui les subjuguèrent presqu'entièrement. La langue maternelle des Français n'étoit
plus alors qu'un jargon informe et sans lois, abandonné à
ce qu'on appelloit alors le petit peuple, et rélégué dans
les cantons les plus grossiers. Telle fut la force de l'éducation, de faire perdre à un peuple antique l'usage de sa
langue naturelle, pour prendre celle de ses conquérants.
Le vulgaire romain, latin barbare et dégénéré, étoit le
langage dominant. Les discours publics, les ordonnances
des princes, les arrêts de, cours souveraines, les actes
d'administration, tout étoit conçu dans ce langage corrompu. Ce qui acheva de le maintenir fut encore l'éducation.
tion. Il n'y avoit alors que les ecclésiastiques qui se mê-
lassent de l'enseignement : toutes les écoles étoient ou dans les
cathédrales, ou dans les monastères, et personne n'y ve-
noit étudier, à moins qu'il ne se destinât à la cléricature.
Par conséquent, comme le latin étoit le langage de l'église,
et que l'église tenoit les écoles, il ne paroîtra pas surprenant
que la langue latine ait été alors presque le seul objet des
études. L'histoire, la saine logique, la pure morale, la
véritable physique, la jurisprudence, l'astronomie, les
mathématiques même étoient ensevelies dans un oubli funeste, ou, si l'on enseignoit quelque chose de ces objets
intéressants, c'étoit d'une manière si superficielle, si sèche,
si triviale, si rebutante, que peu de personnes avoient
le courage de les étudier. Tout ce qu'on en traitoit étoit
noyé dans une foule de discussions inutiles, et renfermé
dans des cahiers volumineux, où tout se réduisoit à des
disputes grossières, à des recherches chimériques, à des
fables puériles, qu'on chargeoit de mille termes barbares,
obscurs, vuides de sens, où tout se pesoit sur des autori-
tés alléguées et admises sans examen et sans critique. Tout
ce qui paroissoit indéfinissable, on le saisissoit avidement,
on l'agitoit avec chaleur, on soutenoit le pour et le contre,
on attaquoit avec aigreur, on se défendoit de même, et
on finissoit presque toujours par s'entre-persécuter : souvent même l'état en étoit ensanglanté. Pernicieuse manière
d'enseigner et d'apprendre ! elle n'étoit propre qu'à faire
des ignorants présomptueux, des hommes inutiles, vains,
superstitieux, entêtés, faux et insociables, qu'à égarer
les générations futures.   A 2

Ces défauts étoient trop visibles et trop funestes pour ne pas toucher les hommes vraiment patriotes. De-là cette multiplicité d'écrits propres à les rectifier, et ces recherches sérieuses, qui ont enfin produit d'heureux changemens dans la manière d'éduquer et d'instruire ; mais le gros de l'éducation et de l'enseignement reste le même ; et tout le monde convient qu'il n'est pas porté au point de perfection dont il est susceptible, et dont on retireroit les avantages les plus précieux et pour l'État et pour les particuliers.

Travailler à y réussir, c'est répondre immédiatement au vœu général de toute la nation, qui regarde une bonne éducation comme le moyen le plus propre à contribuer au bien et à la gloire de la République ; c'est vivifier les travaux de la législation, qui ne peuvent être utiles, s'ils ne sont pas secondés par une bonne éducation ; c'est servir sa patrie dans le point le plus essentiel à son bonheur. Nous l'avons dit, la meilleure éducation est le fondement des États les plus florissants et les plus heureux. Puissent ces grands motifs toucher aussi vivement mes concitoyens qu'ils me touchent moi-même !

L'objet d'un plan d'éducation est d'embrasser tous les états et tous les sexes, de former tous les individus aux vertus, au patriotisme, aux arts et aux sciences. Projet vaste et de la plus grande utilité : tout nous invite à nous en occuper, et à l'exécuter incessamment. Pour le faire avec succès, distinguons l'éducation de l'instruction, et traitons de l'une et de l'autre dans deux articles séparés.

DE L'ÉDUCATION PROPREMENT DITE.

Pour traiter, comme il convient, tout ce qui regarde l'éducation, il faut observer le but qu'elle se propose, et quels sont les moyens les plus propres pour arriver à ce but.

Le but de l'éducation est de former un enfant, d'en faire un homme, un citoyen. Il faut donc travailler à perfectionner toutes les facultés que la nature lui a données pour arriver à ce terme, lui faire acquérir tous les talens qu'elle lui demande, appeller les vertus, éloigner les vices, ennoblir les sentimens, nourrir son cœur des plus beaux penchants, remplir son ame de connoissances utiles, et l'essayer dans tous les genres, afin d'être assuré de l'état qui convient le mieux à son bonheur et à l'avantage de la société.

Cet enfant a un corps et une ame ; il faut former l'un et l'autre par des principes propres à procurer leur plus grande perfection. L'un et l'autre doivent concourir au bonheur de l'individu , qui résulte de leur union. Ils sont tellement liés ensemble , qu'ils ne font qu'un seul tout, dont les parties constituantes doivent être à l'unisson, si l'on veut qu'elles concourent avec harmonie aux opérations physique et morales, que nous demandons de l'homme raisonnable. Sans cette harmonie , les mouvements d'une partie nuiroient aux actions de l'autre : un corps bien constitué se prête aux opérations de l'ame, et une ame bien réglée facilite les fonctions du corps. D'un côté , il faut de la force , de l'adresse et des graces ; de l'autre , on demande un fond de connoissances utiles et agréables , des principes qui élevent l'ame , la perfectionnent dans toute ses facultés , la mettent en état de régler ses idées et ses jugements , de se conduire en tout avec sagesse et prudence. C'est vers ces objets importants que tout Instituteur doit porter son éleve ; et il réussira , s'il a de la méthode ; car, comme l'observe Quintilien , si l'on excepte ceux dont les organes ont été dérangés par quelque accident , il n'y a point d'individu de l'espèce humaine, dont on ne puisse faire un homme, en s'y prenant comme il faut. Nous sommes destinés à être tels par la nature. Cette mère commune , qui ne se méprends jamais dans ses opérations , a mis au-dedans de nous tout ce qu'il faut pour cela. Quelquefois ce n'est qu'une petite étincelle d'esprit , un germe imperceptible d'énergie ; mais, si l'on a soin de réveiller cette étincelle , de fomenter ce germe , de les entretenir , de leur donner des aliments proportionnés à leur force , le temps, qui détruit tout et qui produit tout , amenera des résultats surprenants. Cela doit être ainsi , puisque le créateur nous a faits pour une fin , il est naturel de croire qu'il nous a donné les moyens nécessaires pour y arriver.

Le défaut d'hommes ne vient donc que du défaut de culture convenable au précieux fond que l'homme apporte en naissant. Cette même nature , en nous formant , nous a destinés à vivre en société. Notre foiblesse , les besoins du corps, le don de la parole , les désirs de notre cœur , la direction de nos pensées , les impulsions de nos penchants, et une infinité d'autres choses nous démontrent cette vérité ;

mais en nous destinant à vivre avec nos semblables, et à faire leur bonheur en assurant le nôtre, il a fallu que la nature nous gratifiât du germe des vertus et des qualités nécessaires pour remplir ces vues générales. Si l'on manque de citoyens, c'est qu'on n'a pas travaillé à développer ce germe précieux; c'est qu'on n'a pas su faire éclore ces vertus, et les garantir des atteintes mortelles du vice. Par conséquent tous les vices dont on se plaint, tous les maux qui affligent la société, viennent, en grande partie, de ce que tous les membres qui la composent n'ont pas reçu une éducation propre à prévenir ou arrêter ces désordres.

C'est donc rendre à la patrie un service bien important, que de travailler à lui donner des citoyens dont l'éducation et l'instruction soient bien soignées. Pour remplir cet objet, nous nous occuperons d'abord des soins que le corps exige, ensuite de ceux que l'on donne à l'ame. C'est-à-dire, que nous traiterons premièrement de l'éducation physique, ensuite de l'éducation morale.

De l'éducation physique.

Les biens du corps sont la santé, la force, une bonne constitution, la propreté, la décence; ses maux sont l'intempérance, la gourmandise et les autres défauts qui émanent de ces deux sources. Examinons chacun de ces objets.

De la santé.

La santé des enfants est la base de tout le reste; puisque la force et la vigueur du corps, dans tous les âges, sont le fondement de la force et de la vigueur de l'esprit, et très-souvent des facultés morales. En effet, quel parti peut-on tirer d'un enfant ou d'un jeune homme valétudinaire? Pour n'avoir rien à désirer dans un sujet qu'on veut élever, pour être fondé à en concevoir les plus grandes espérances, il faut, dit Juvenal, qu'on y rencontre un esprit sain dans un corps bien portant. D'ailleurs, la santé est la source de tous les agrémens de la vie : la sérénité de l'ame, la gaieté, l'appétit, le doux sommeil sont les fruits précieux de la santé; et la maladie nous prive de ces innocens plaisirs : ni la société, ni les douceurs de l'amitié, ni les honneurs, ni les richesses, ni les sciences, rien ne peut nous rendre les biens que la maladie nous a ôtés. L'ame est alors engourdie, le cœur est en proie aux chagrins, toutes nos facultés sont abattues,

(7)

enchaînées et presque anéanties. De plus, est-il un emploi,
une condition de la vie qui ne requiert de la santé et des
forces, pour y vaquer avec succès.

Or, pour concourir à procurer à un enfant touts ces précieux avantages qui renferment implicitement touts les
autres, c'est spécialement à son éducation primitive qu'il
faut s'appliquer ; et malheureusement la première éducation, le fondement de toutes les autres, est totalement man-
quée pour les trois quarts de la nation, parce que c'est aux
parents à la donner, et qu'ils s'en déchargent sur des personnes qui n'ont pas le même zèle, et à qui la nature n'a
pas donné les mêmes ressources pour la procurer.

Ce seroit ici le lieu de démontrer que c'est des parents
que les enfants attendent le lait qui doit les nourrir, les
premiers aliments qui succèdent au lait, et les soins multipliés qui doivent accompagner ces nourritures. On pourroit
leur faire envisager torts les avantages qui résulteroient de
cette conduite, et les maux qui sont la suite de cette négligence ; mais ce sujet nous éloigneroit trop de notre but.
Nous y reviendrons lorsque nous parlerons du plan d'éducation de Michel Lepelletier, et que nous indiquerons les
moyens que les parents peuvent employer pour apprendre,
par la seule conversation, les choses qu'un jeune homme
doit savoir.

La modération dans le manger, dans le boire et dans les
plaisirs de toute espèce, l'application au travail, l'exercice
du corps, sur-tout en plein air, l'assujettissement des passions fougueuses, un cœur libre de soucis et d'agitations,
des récréations réglées, sont les plus sûrs moyens de conserver sa santé, et de la soutenir lorsqu'elle est chancelante.

Nourriture.

La meilleure règle à suivre pour la nourriture, est de
donner à la nature touts ses besoins autant qu'on le peut ;
mais il ne faut point aller au-delà. Ai-je faim ? je dois manger. Ai-je soif ? je dois boire. Mais en même temps la raison me dit que la nature ne demande rien de plus, et que
je dois mépriser tout superflu. En chaque chose, il faut
avoir égard à la fin qu'on se propose : quand l'on mange,
c'est pour réparer ses forces et satisfaire aux besoins de son
corps, et non pour nuire à sa santé et pour satisfaire ses appé-
tits déréglés. La nature a pourvu aux besoins de tous, si

tous savent se contenter du nécessaire ; mais si une classe d'hommes sensuels dévore plus qu'il ne convient à ses besoins, il est clair que ce n'est qu'au préjudice des autres. En conséquence, on donnera aux jeunes gens autant de pain qu'ils en demanderont, parce que l'on ne fait jamais débauche de pain, et que les enfants qui croissent ont besoin de plus de nourriture que les hommes faits, et de manger plus fréquemment. Quant au reste, rien n'est meilleur à la santé que des mets sains et simples, sagement variés, et toujours accommodés le plus simplement. Il ne faut jamais donner aux jeunes gens des ragoûts artistement préparés : ces friandises embrasent le sang, rongent les solides, causent mille ravages dans les humeurs, hâtent les langueurs physiques et morales de la vieillesse. Le matin, de la soupe, et du bouilli, avec un peu de dessert, des fruits de la saison ; le soir, des légumes, sur lesquels on aura répandu un peu de beurre, du lait frais, dans lequel on trempera son pain ; voilà la nourriture la plus propre à bien nourrir, à donner de l'accroissement et à procurer, pendant la nuit, un sommeil doux et bienfaisant.

Boisson.

Une eau pure, sans saveur, sans odeur, est la meilleure des boissons et le plus puissant digestif. La médecine a toujours regardé le vin comme très-préjudiciable à l'accroissement des enfants : il doit donc leur être absolument interdit : il ne faut leur en donner que comme un remède, très-rarement, en petite quantité et d'excellente qualité.

Sommeil.

Les enfants en bas âge doivent dormir et manger quand ils veulent ; mais à mesure qu'ils deviennent grands, il faut les accoutumer à se lever matin. Un sommeil modéré est, dit Locke, le meilleur remède. Les enfants qui ont atteint l'âge de six ans ne doivent plus dormir autant qu'ils le veulent ; il faut prendre garde que la paresse ne leur en fasse contracter l'habitude. S'il y a quelques exceptions à cette règle, elle doit être pour les enfants foibles et mal-sains.

Plus ils avanceront en âge, plus il faut retrancher de temps sur leur sommeil, et cela par une gradation insensible.

Qu'ils dorment pourtant pendant sept heures entières (1).
Il ne faut jamais les éveiller en sursaut. Cette manière de
les arracher au sommeil pourroit les effrayer et troubler
leurs esprits. Montagne dit que pour éviter ces accidents,
on l'éveilloit toujours par le son harmonieux de quelque instrument de musique.

Le même Loke conseille de faire coucher les enfants sur
un lit dur, sur une simple paillasse ou un matelas de laine.
Je préférerois un matelas de coton ou de crin, bien simple,
bien léger. Une couche trop molle énerve le corps et le rend
fluet. L'enfant qu'on habitue à coucher durement, aura
une constitution bien plus forte et plus vigoureuse dans la
vieillesse. Il ne faut pas de rideaux à leurs lits. Les enfants
transpirent beaucoup : l'air qui les environne se corrom-
proit et deviendroit un poison pour eux, s'ils étoient renfermés pendant sept heures dans des rideaux qui empêche-
roient l'air de circuler et de se renouveller continuellement.
Il faut donc accoutumer les enfants à dormir dans un air sec
et libre, plus froid que chaud, et jamais dans une chambre
où l'air entre par deux côtés.

Vétement.

Le vétement doit être bien simple, tel qu'il convient à
des républicains, et le même pour tous. Nous sommes touts
égaux, nous sommes touts frères, touts enfants de la même
société ; nous ne pouvons donc nous distinguer les uns des
autres, que par la perfection des qualités que la nature
nous a distribuées inégalement pour le bien commun, auquel chacun doit concourir par des moyens propres et particuliers.

Les enfants doivent pouvoir agir, jouer, sauter en tout
temps et avec liberté. Il faut que leur habillement soit favorable à ces exercices ; il ne sera donc ni trop juste, ni trop
recherché. Les habits sont-ils trop justes, les enfants sont
perpétuellement en prison ; leurs membres ne se développent plus avec la même aisance ; et les sucs nourriciers,
faute d'une libre circulation, sont arrêtés dans certains endroits, forment des dépôts, des obstructions, ou font
prendre à nos membres une forme monstrueuse ; la nature

(1) Septem horas dormisse sat est juveni juvenique senique.

languit enchaînée de tout côté ; la gaieté, cet élément de l'enfance, se perd ; on reste immobile, sans action, et l'on devient cacochime et maladif. Les habits sont-ils de prix, la vanité s'empare de ces petits esprits, les rend égoïstes, vains, dédaigneux. Avec un bel habit, on craint de le gâter, on n'ose jouer, ni se livrer sans réserve à tous les travaux auxquels la jeunesse doit s'exercer habituellement.

Les habits de tous seront donc d'une étoffe grossière et laineuse pendant l'hiver, et de toile pendant l'été, toujours assez larges pour se croiser sur l'estomac et être retenus par une ceinture. Les bas seront de tricot de laine pendant l'hiver, et de toile pendant l'été. Pour les souliers, je les voudrois sans talon, assez larges et assez longs pour que les doigts des pieds puissent s'étendre sans contrainte.

Il seroit à désirer que les enfants eussent la tête rasée, ou du moins les cheveux très-courts jusqu'à l'âge de puberté. Par ce moyen la tête se nettoie facilement tous les jours ; la transpiration en est plus facile, et les sens prennent continuellement une nouvelle vigueur.

Remèdes.

Il ne faut de remèdes aux enfants que dans le cas d'une nécessité indispensable. C'est donc une pratique très-blamâble de les purger par précaution. Quelqu'un se plaint-il d'un mal de tête, de maux d'estomac ? Il faut alors le mettre à la diète, lui donner de l'eau pure à boire, le faire promener en plein air, et le distraire agréablement. Par ces seuls remèdes, on le délivrera des maux actuels, et on le prémunira contre une infinité d'incommodités qui sont toujours les suites des remèdes, souvent même de ceux qui sont les plus doux.

Exercice, Mouvement.

Il faut accoutumer les enfants à aimer d'être en plein air, même dans les plus grands froids. L'exercice pris à l'air libre affermit leur constitution, donne à leur gaieté un heureux essor, et les préserve pour l'avenir de beaucoup de maux, qui nous rendent, dans la suite, la vie malheureuse pour nous et inutile pour la société. Une vie sédentaire, un air épais et mal-sain, tuent la plupart des enfants, ou les rendent si foibles, si délicats, que la moindre chose les blesse, et que toute leur vie n'est qu'une maladie continuelle.

Il faut donc consacrer quelques heures de la journée à exercer la jeunesse, par plusieurs reprises, à touts les jeux qui peuvent donner de l'adresse ou de la force. Tels sont le volant, le palet, le jeu des boules et des quilles, l'arc, le saut, la course, la natation, la lutte, le voltiger, l'escrime, le maniement des armes, les évolutions militaires, la danse, l'agriculture. De ces jeux on viendra aux arts ; on leur apprendra à tracer des figures de géométrie, à manier le rabot, la lime, la scie, à exprimer les premiers éléments du dessin. C'est par ces différens essais que l'on découvrira facilement le talent de touts les individus, et que l'on se déterminera à donner un métier convenable à chacun d'eux ; car il faut que tous en aient un, et qu'à certain âge chacun puisse prouver qu'il a un métier ou un talent propre à lui faire gagner sa vie. En effet, de quel droit les fainéants, les paresseux, les ignorants volontaires, les hommes sans mœurs, prétendroient-ils avoir part aux avantages de la société ? Pour jouir du bien de la patrie, il faut la servir utilement. Tout membre inutile doit être retranché de la société, dont il est nécessairement le fléau.

Enfin, accoutumons les enfants à la fatigue, de manière qu'ils ne fassent point de dangereux excès. Les habitants des isles Majorque et Minorque exerçoient beaucoup leurs enfants ; ils ne leur laissoient manger que ce qu'ils pouvoient abattre du plancher. Quelquefois ils attachoient leur portion de pain, de manière qu'il falloit qu'ils la fissent tomber s'ils vouloient manger. Par-là ils les rendoient forts, vigoureux, actifs, souples, vigilants, intrépides (1).

Travail.

Le travail est aussi utile à la santé qu'à l'acquisition et à la conservation des choses nécessaires à la vie. La condition

---

(1) Endurcissez la jeunesse, dit Montagne, à la sueur et au froid, au vent, au soleil et au hasard qu'ils lui font mépriser. Otez-lui toute mollesse et délicatesse au vêtir, au coucher, au manger et au boire, etc.

Nourrissez-les grossièrement à la peine et au travail, dit Charon ; accoutumez-les au chaud, au froid, au vent, même aux hasards. Il faut leur roidir, endurcir les muscles et les nerfs, (aussi bien que l'ame), au labeur et à la douleur ; car le premier dispose au second. *Labor callum obducit dolori.*

de l'homme est telle que si le travail ne l'exerce, le repos
le tuera. En conséquence, il ne faut laisser passer aucun
jour sans avoir exercé les jeunes gens, pendant un temps
assez considérable, au travail des mains. Pour cela, on les
conduira dans les atteliers qui seront établis dans les villes,
et chez les ouvriers en tout genre qui s'y trouvent. Quant
aux enfants de village, on aura soin qu'une partie apprenne
des métiers nécessaires aux gens de campagne, comme le
charron, le tailleur, le cordonnier, et que l'autre s'occupe
des soins de l'agriculture ; que l'étude ne lui soit proposée
que comme un délassement et une récréation. Nous indiquerons, dans un article à part, la méthode que nous croyons
la plus propre à cette instruction.

Châtiment.

Il ne faut jamais frapper les enfants, et bien moins faut-
il encore user du fouet avilissant qu'emploient la plupart
des maîtres. Les coups troublent les fonctions animales, dé-
rangent la santé et sont souvent la source de mille maux que
les enfants cachent d'abord, qui pour cela deviennent irré-
médiables, et sont la cause de plusieurs incommodités, qui
augmentent avec le temps, et répandent l'amertume et la
tristesse sur le reste de leurs jours.

Le meilleur genre de châtiment est la privation pour un
temps de ce qui plaît, comme la compagnie des autres, la
promenade, les jeux, etc.

De la décence.

La décence veut que nous réglions en tout temps nos
paroles, nos actions, nos regards, nos gestes, notre posture,
nos démarches et tout notre extérieur, de manière qu'il n'y
ait rien en tout cela qui ne convienne à notre qualité d'être
raisonnable et vertueux. Or, si la gloire et la félicité de
l'homme consistent à agir en tout temps et en toute chose,
avec la droiture et la perfection qu'exige l'ordre, les maîtres doivent mettre beaucoup de soin à inspirer à leurs élèves, cette décence qui décèle une ame bien née et un cœur
bien organisé.

De la propreté.

La propreté est la partie de la décence qui nous convient

le plus : la raison nous la prescrit, tant parce qu'elle est utile à la santé, que parce qu'elle contribue à nous faire estimer des autres. La mal—propreté décèle un caractère négligent, paresseux, nonchalant, sans goût et sans amour-propre. La pauvreté elle-même, la modicité de notre habillement, ne nous dispensent pas de la propreté, parce que cette vertu ne consiste pas dans le luxe, qui est un défaut contre lequel nous ne saurions trop nous prémunir. Elle veut seulement que nous évitions cette négligence qui choque la bienséance naturelle et le savoir vivre, qui consistent à nous conformer à l'exigence du temps, des lieux et des personnes. C'est assurément une marque qu'on ne s'aime pas assez, lorsqu'on n'aime pas la propreté ; et c'est consentir facilement que les autres n'aient pas pour nous une estime que nous n'avons point pour nous-même. Il est juste qu'ils punissent de leur mépris l'imprudence avec laquelle nous excitons leur dégoût. Au reste, on a toujours regardé le défaut de propreté comme une marque de peu de régularité et d'ordre ; c'est donc travailler à se décrier, que de négliger la décence et la propreté.

En conséquence, on aura soin que le linge et l'habillement des enfants soient propres et sans trous. Touts les jours, on fera, le soir, la visite de leurs habits et de leurs bas, afin que le lendemain ils se trouvent raccommodés. On les peignera régulièrement touts les jours, et on aura soin de leur tenir la tête rasée, afin qu'elle soit nette et bien disposée à favoriser la transpiration. On ne manquera jamais de leur faire laver les mains et le visage, touts les matins, avec de l'eau froide. Il seroit aussi bon de les faire baigner chaque décade ; et quand la rigueur de la saison s'y opposeroit, on leur feroit du moins laver les pieds et les jambes. S'il est difficile de les faire baigner tous le même jour, on leur procureroit cet avantage par bandes, les unes après les autres.

Ce qui peut rendre notre corps mal-propre, nuit aussi à sa santé et à sa force. La saleté, qui rend notre corps dégoûtant, bouche aussi les pores, arrête la transpiration, et peut par-là nous causer des maladies très-graves. Combien d'exemples de maladies contagieuses occasionnées par la mal-propreté ! On voit certains hameaux, certaines familles toujours en proie aux maladies. Il n'est pas difficile d'en indiquer la cause : des maisons mal construites, encore plus mal exposées, l'air renfermé et corrompu porte l'infection dans les poumons, occasionne toutes les infirmités dont on se plaint. Cependant qu'il en coûteroit peu pour éloigner le mal ! Donner beaucoup d'air aux appartements qu'on habite, les exposer au midi, se nettoyer souvent avec de l'eau fraîche ; ce seroit le vrai moyen de donner de la force aux nerfs et de la vivacité aux esprits.

C'est le devoir des surveillants de faire renouveler souvent l'air des appartements, et d'avoir soin que la plus grande propreté règne par-tout.

Des attitudes du corps.

La décence s'étend encore sur toutes les attitudes du corps. La bonne grace extérieure requiert un mouvement régulier et libre de tous nos membres ; elle veut qu'ils tendent non-seulement à faire nos fonctions avec goût et sans gêne, mais encore à éviter toutes les postures qui répugnent à notre structure et à la destination de nos organes. L'attitude d'un homme assis, marchant ou debout, la face, les yeux, le mouvement des bras, la position des pieds et des mains, doivent avoir de la grace. Il y a principalement deux choses à faire éviter aux jeunes gens : l'air mou et efféminé, et l'air rustique et rude.

De l'air du visage.

Qui ne sait par expérience, combien l'air du visage contribue à la décence de toute la personne ? Il faut qu'il n'y ait rien de grimaçant, d'affecté et de choquant ; et comme le visage est le miroir de l'ame, et que les yeux en sont les fidèles interprètes, le plus sûr moyen d'embellir la physionomie des enfants, autant qu'il dépend de nous, c'est d'embellir leur cœur, de n'y laisser dominer aucune passion. Une ame sereine, douce, modeste, libre d'inquiétude, une ame remplie de sentiments, de noblesse, de grandeur, de sincérité, de candeur, supérieure à ses sens, à ses passions, donne, pour l'ordinaire, un air modeste, gracieux, grave, sincère et enchanteur. Cette cordialité qui se lit dans les yeux, ce regard affectueux qui accompagne la pudeur, cette dignité qui gagne les cœurs, viennent d'un bon cœur et d'un bon esprit. En conséquence, les maîtres seront attentifs à cultiver ces précieuses vertus dans les jeunes gens confiés à leurs soins. Nous leur en indiquerons les moyens lorsque nous traiterons la seconde partie de cet ouvrage.

Du ton de voix.

On sait de même combien le ton de voix influe sur la décence extérieure. Celui-ci nous plait et nous affecte déjà par son ton de voix, quoique nous ne le voyons pas encore, et que nous n'entendions pas même ce qu'il dit ; tandis que la voix d'un autre nous rebute par tout ce qu'elle a de dur, de mal sonore, de rauque et de rustique. A la vérité, nous pouvons aussi peu donner aux enfants que nous formons, une belle voix que les charmes d'une physionomie prévenante ; mais il nous est facile d'étudier les inflexions de celle qu'ils ont, en parcourir touts les degrés, tantôt leur faisant élever, tantôt leur faisant baisser, afin de reconnoître le meilleur usage de chaque ton, et de rendre leur voix distincte, claire, intelligible et harmonieuse. Après tout, la voix doit être l'expression de nos pensées, et elle est toujours l'image de notre caractère. La voix d'un jeune homme est-elle trop précipitée ? il faut lui apprendre à modérer l'impétuosité de ses pensées et la fougue de ses désirs. La source des défauts de la parole est souvent dans le cœur ; en le corrigeant, on rectifie la voix. Trop de hardiesse ou trop de timidité la rend désagréable dans le commerce de la vie ; mais plus l'homme est modeste et a acquis l'usage du monde, plus le ton dont il parle a d'agrément et de convenance.

De la civilité et de la politesse.

La civilité est un témoignage que nous rendons à quelqu'un de nos sentiments extérieurs envers lui. Ce cérémonial est destiné à se donner les uns les autres des démonstrations extérieures d'amitié, d'estime et de considération.

La politesse est une attention continuelle qu'inspire le désir de plaire à tout le monde et de n'offenser personne. . Or, la civilité et la politesse nous sont d'un grand secours pour gagner la confiance des autres, et pour captiver leur bienveillance ; un air prévenant et poli parle toujours en notre faveur. Souvent pour avoir négligé cette vertu morale, nous sommes rejetés des sociétés et de l'administration des emplois, au lieu que nos talents sont plus estimés, lorsque notre extérieur est bienséant. Quelque propre que nous soyons pour les fonctions d'un emploi public, le seul manque de savoir vivre nous cause un préjudice étonnant. L'impolitesse, quelque chose de géné dans nos manières, décèle de la vanité ou un defaut de goût et de connoissance du monde ; ce qui fait concevoir de nous une idée désavantageuse, et ne peut manquer de nuire à notre avancement et à notre crédit. Ce n'est pas seulement dans nos fonctions publiques, mais dans toutes nos relations avec les autres hommes, dans notre particulier, qu'il nous est souvent difficile de nous attirer les regards, l'estime et l'affection, pour cela seul que certains dehors nous rendent fâcheux et dégoûtant. On ne peut donc mettre trop de soin à former les jeunes gens à apporter beaucoup de circonspection dans toutes leurs démarches, pour ne blesser personne. Aussi long-temps que les hommes auront des yeux, des oreilles et le goût de l'ordre, il faudra toujours que nous soyons décents et polis.

Cependant il faut prendre garde d'être incivil à force de civilité. Rien n'est plus contraire à la bienséance que de l'observer avec trop d'affectation : rien n'est plus incommode que ces gens qui n'agissent qu'avec cérémonies, et qui ne parlent qu'avec compliments. Cette affectation rend désagréables ceux dans qui elle se trouve, et incommode beaucoup ceux pour qui elle est mise en usage. Il faut en tout un juste milieu.

De la complaisance et des égards.

Ces deux qualités étant nécessairement liées aux précédentes, doivent trouver leurs places ici, quoiqu'elles appartiennent aux vertus sociales dont nous parlerons dans un ouvrage séparé.

La complaisance dont il est ici question, consiste uniquement à ne contrarier le goût de qui que ce soit, dans tout ce qui est indifférent pour les mœurs, et à s'y prêter même autant qu'on le peut, et à le prévenir lorsqu'on l'a su deviner. Cette perfection qui peut avoir lieu dans tous les temps, dans tous les lieux, dans toutes les circonstances, coûte peu aux enfants, si on a travaillé de bonne heure à leur former le caractère, et est très-propre à les faire chérir dans toutes les sociétés.

Par égards, on entend des considérations, des ménagements fondés sur les circonstances, ou sur le génie ou la qualité des personnes. N'allez point, par exemple, faire en présence d'un homme d'un certain état, la satyre des gens de sa condition. N'affectez point un air de gaieté devant un

malheureux

malheureux qui pleure la perte de son bien. Gémissez-vous
vous-même sur quelque revers affreux ? n'allez point fati-
guer de vos tristes lamentations touts ceux avec qui vous
avez à vivre.

Or, le meilleur moyen que les maîtres aient de donner
à leurs enfants ces excellentes qualités, c'est de leur en of-
frir eux-mêmes l'exemple, et d'avoir attention de leur en
faire sentir adroitement l'utilité, toutes les fois qu'ils auront
à converser avec eux.

De l'éducation morale.

La moindre partie de l'éducation est celle qui regarde
l'acquisition des connoissances : le point principal est de
former les mœurs, parce que nous sommes moins faits pour
connoître beaucoup de choses que pour bien vivre, et que
tout ce que nous pouvons acquérir de science, n'est précieux qu'autant qu'il contribue à nous rendre l'esprit juste
et le cœur bon et droit.

L'homme est entraîné vers les objets sensibles par un penchant secret, qui le porteroit tôt ou tard à l'illusion, à l'é-
garement et à son malheur, si les lumières de la raison
n'éclairoient cet instinct aveugle, et ne venoient lui découvrir la juste valeur des choses. Ces deux forces sont presque
toujours opposées et partagent touts les mouvements de
notre ame. L'exercice de la sagesse humaine est d'augmenter l'une et de régler l'autre, de l'affoiblir même en certaines occasions, par l'habitude de réfléchir, de consulter
l'expérience, et par le soin continuel d'éviter tout ce qui
donne trop de prise aux passions de notre cœur ; car si elles
y entrent trop librement, si nous nous livrons sans réserve
à leur impétuosité, nous en serons tôt ou tard les tristes
victimes, et il n'y aura plus de vrai bonheur à espérer pour
nous.

C'est donc de ce premier abord des passions qu'il faut garantir la jeunesse : voilà ce qu'on appelle éducation négative, partie importante de l'instruction, pour laquelle un
instituteur a besoin de l'adresse la plus délicate et de l'expérience la plus consommée. Le bon exemple, le juste discernement des inclinations primitives, les bonnes habitudes,
les fruits de l'expérience, les lectures bien choisies, les
spectacles intéressants, les principes simples et faciles à saisir,
les décisions, même des élèves, nous paroissent les moyens

les plus propres et les plus faciles, pour inspirer à la jeunesse le goût des vertus morales et civiles. Les deux premiers de ces moyens appartiennent à l'éducation négative ; le reste regarde l'instruction. Les uns et les autres vont être envisagés séparément.

De l'exemple.

L'expérience prouve que l'éducation morale est la plus difficile ; elle seroit la plus aisée, si les mœurs des parents étoient bonnes. Les enfants les suceroient avec le lait, ils les respireroient avec l'air. Il en est de même que de l'atmosphère qui nous enveloppe, et dans laquelle nous vivons : souvent ceux qui l'habitent ne s'apperçoivent pas de son influence sur eux, ne cherchent point à s'en garantir, et y trouvent la mort ou les maladies, si elle est viciée. Les hommes vont par imitation, et une grande partie de leur vie se passe sans qu'ils aient suivis d'autres guides que l'exemple ; les enfants y vont encore davantage. De l'extrême sensibilité de l'enfant, joint à l'extrême souplesse de ses fibres, il résulte une facilité particulière à recevoir toutes les impressions, à prendre touts les plis qu'on veut lui donner, et à se mouler sur les objets qui l'environnent. On peut dire qu'un enfant est, en quelque manière, pétri et façonné par tout ce qui agit sur ses sens. Cette faculté imitatrice est d'abord comme enchaînée par les premiers besoins de se nourrir et de se développer. Un être qui ne peut ni voir, ni entendre, ni presque faire aucun mouvement, n'imite guère ; mais, à mesure que ses moyens se développent, cette qualité se fait remarquer en lui. C'est par imitation qu'il prend le langage, l'accent, le tour d'esprit, les manières de ceux qui l'approchent, le caractère général de sa nation, de son département, de sa commune, de son quartier, de sa famille même ; dès-lors il reçoit l'empreinte de la fortune, de l'emploi, de la condition de ceux avec qui il vit. On lui voit déjà une tournure bien différente, suivant qu'il respire l'air d'une grande commune ou d'un hameau. Il va plus loin, il contrefait ensuite les actions et les manières. Une petite fille répète à sa poupée toutes les leçons qu'elle reçoit de sa mère ; et un petit garçon creuse, édifie, trace des figures à l'exemple de son père. C'est en vertu de cette disposition imitatrice, répandue dans tout notre individu, que les passions exprimées sur le visage, dans les discours, dans le ton de voix, dans les mouvements de ceux avec qui l'on se trouve, se communiquent toujours à nous et nous entraînent sans que nous pensions à y résister. Une personne gaie et folâtre inspire la gaieté; il ne faut quelquefois qu'un homme triste et abattu, pour répandre la tristesse et le découragement dans une nombreuse assemblée. C'est ainsi que, dans une sédition, dans une fête, la fureur ou la joie gagne de proche en proche, jusqu'aux personnes les plus indifférentes; c'est ainsi que se forment ces goûts, ces antipathies, ces vertus, ces vices, ces penchants que l'on croit innés parce qu'on n'en connoît pas l'origine. Une sensation très-voluptueuse que l'on aura procurée a un enfant, lui a donné un penchant décidé pour la mollesse. Les cris perçants, les menaces, la fureur d'un maître font de son élève un sujet brutal, féroce, timide et rampant. En un mot, on remarque touts les jours que les enfants prennent un caractère sombre, farouche, colère, ou bien riant, doux, humain, suivant les modèles qui agissent continuellement sur eux. Jamais Alexandre-le-Grand ne put se défaire de certains défauts qu'il avoit pris de son maître Léonidas; il penchoit la tête comme lui; il avoit pris son allure et son accent. De-là cette réponse admirable de Thémistocle à ses amis qui s'étonnoient de le voir devenu si doux, si honnête, lui qui avoit montré un caractère féroce dans sa jeunesse : *les poulains les plus âpres et les plus féroces, deviennent d'excellents chevaux, si on les livre à des écuyers expérimentés.* De-là vient aussi l'étonnement de ce jeune homme qui sortoit de l'école du vertueux Platon : rentrant dans la maison de ses parents, et entendant, pour la première fois, son père criailler et gronder : *qu'est-ce que ceci,* s'écria-t-il, *je n'ai jamais rien entendu de pareil chez Platon.*

On peut juger par tout ceci, combien l'exemple domestique, sur-tout celui des pères et mères, influe sur les actions des enfants. L'exemple est donc la première leçon, la leçon de touts les temps et celle qui est la plus puissante. Conséquemment, qu'un père n'ait point de vices, qu'il n'en souffre aucun dans ceux qui approchent de ses enfants; que lui et ses coopérateurs se piquent de la plus grande régularité, pratiquent les vertus morales et civiles qu'il veulent inspirer à leurs élèves; et que la patrie, dans le choix des maîtres publics, ait plus égard à leurs mœurs qu'à leurs talents.

Discernement des inclinations primitives.

Après l'exemple, le meilleur moyen qu'ait l'éducation négative, pour former l'enfance, c'est de faire servir à l'instruction de son élève tout ce qui l'environne, tout ce qui frappe ses sens, touts ses besoins, touts ses désirs. En conséquence, il faut s'appliquer à faire un examen sérieux des idées dont il est déjà en possession, à découvrir la manière dont elles se sont introduites dans son esprit, l'effet qu'elles y produisent et la liaison qu'elles ont entr'elles; à approcher de lui les objets dont on veut lui donner l'idée, à les placer dans un jour riant et favorable, à profiter de toutes les circonstances où il se trouve, à en amener d'autres qui puissent piquer sa curiosité, à lui rendre raison de tout ce qu'il voit, de tout ce qu'il entend; et le vrai moyen de réussir dans tout ceci, c'est d'étudier son caractère et son tempérament; car la diversité du tempérament en met une grande dans les esprits, et indique, pour leur culture, une méthode convenable à chacun, qu'il faut adroitement saisir et manier avec beaucoup de prudence; autrement on court risque de manquer son but, ou de n'y arriver que très-difficilement.

En effet, en venant au monde, les enfants sont plus ou moins sensibles, plus ou moins forts, plus ou moins actifs; tous sont différemment organisés; il est nécessaire que, de tant de différences physiques, il en résulte des variétés à l'infini dans les esprits et dans les caractères, qui demandent, de la part d'un instituteur, une foule de moyens ménagés avec art, diversifiés suivant les circonstances, et adaptés méthodiquement à chaque caractère; autrement il courroit risque de contrarier les vues de la nature, de mettre de la confusion dans son travail, et de détruire au lieu d'édifier; car il est évident qu'il faut une méthode pour conduire l'esprit lourd, pesant et paresseux; qu'il en faut une autre pour l'esprit vif, emporté, léger et volage; encore une autre pour l'esprit triste, grave, sérieux; qu'il faut une autre manière pour former les esprits justes, précis, nés pour les vérités exactement démontrées; une autre pour les esprits ouverts, bouillants, qui reçoivent sans peine différentes idées; une autre pour celui qui a un jugement exquis, et une autre enfin pour celui qui n'a reçu de la nature que beaucoup de mémoire. D'ailleurs, si l'édu-

cation donnoit à touts les esprits la même tournure, que
deviendroient la distinction des talents et la diversité des
emplois si nécessaires à la société? N'est-il pas clair, en
conséquence, que ce n'est que par une application bien
entendue des causes physiques et morales, et par un exercice approprié aux différents caractères, qu'on peut agir de
concert avec la nature, fortifier les bonnes qualités, faire
prendre de bonnes habitudes, augmenter les lumières de
l'esprit, graver dans le cœur la noblesse des sentiments,
prévenir la corruption, et sur-tout conduire chacun au but
commun par la route qui lui est propre et avec les ressources
que la nature lui a elle-même préparées pour cela? Il faut
donc que le maître fasse un examen très-sérieux de toutes
les qualités de son élève; qu'il voie comment chacune d'elles
concourt à former son caractère distinctif; et que, d'après
cette découverte, il se dise : c'est par-là que la nature pousse
cette tendre plante dont la culture m'est confiée; c'est donc
par-là que j'aurai plus de facilité à la porter; mais il faut
qu'en lui faisant prendre cette direction, je parvienne à la
rendre plus vigoureuse et plus belle. Voilà, d'un côté, les
moyens que m'offre la nature; voici, d'un autre côté, les
obstacles qui s'opposent au travail de la nature et au mien.
Touts mes soins doivent donc se porter à éloigner ces obstacles, et à tirer tout le profit possible de ces moyens. En conséquence, il s'appliquera à embellir et à perfectionner tout
ce qui pourra l'être; il n'écartera que ce qui est absolument
mauvais; il rapprochera les défauts et les vices des vertus
qui les avoisinent. Il tâchera, par exemple, d'amener la
fierté à la grandeur d'ame, de réduire la jalousie au terme
d'une noble émulation, l'avarice au résultat d'une sage économie, la prodigalité au degré d'une prudente bienfaisance,
la colère au zèle éclairé pour le bien; qu'il donne à l'ambi-
tion de justes motifs; qu'il la dirige par des règles qui la
rendent légitime, qui fasse qu'elle ne soit plus un desir in-
satiable de s'élever aux dépens des autres, mais un dessein
d'acquérir des talents supérieurs, pour se rendre de plus en
plus utile à la société.

C'est principalement l'excès des passions et l'objet qu'elles
se proposent, qui les rendent vicieuses et nuisibles au bien
général et particulier. En conséquence, pour corriger ce
qu'elles ont de défectueux, il suffit de les réduire dans de
justes bornes, et de leur faire changer d'objet; mais en
approchant un nouvel objet, il ne faut pas le présenter

brusquement et sans préparation ; il est nécessaire de disposer l'esprit à le desirer, ou à le recevoir sans émotion et sans répugnance.

Les inclinations perverses, telles que la cruauté, la duplicité, le mensonge, la perfidie, l'ingratitude, sont si mauvaises de leur nature, qu'il n'y a d'autre parti à prendre que de les combattre de front et sans relâche, jusqu'à ce qu'elles soient entièrement extirpées. Mais quelles armes faut-il pour les combattre efficacement ? celles de l'expérience, dont nous parlerons bientôt en détail ; rappeler à son élève combien ces défauts lui ont déjà causé de désagréments, combien ils ont nui à son bonheur, combien ils diminuent de la bonne opinion qu'on avoit de lui, combien ils lui préparent de maux ; lui montrer dans ses semblables des vertus opposées à ces vices, et lui faire remarquer que ce sont ces heureuses habitudes qui font leur bonheur et les délices de leur société.

Quant aux simples défauts, on ne doit pas les confondre avec les vices. Les principaux défauts de la jeunesse sont la légéreté et l'opiniâtreté. La légéreté disparoît d'elle-même avec l'enfance ; et tout le temps qu'elle subsiste, on peut en tirer beaucoup de moyens, pour donner une multiplicité d'idées à ses élèves, en les faisant passer de l'une à l'autre, ce qui seroit difficile s'ils avoient moins de mobilité. L'opiniâtreté est souvent un présage de fermeté d'esprit, de roideur contre les obstacles et d'héroïsme. Il faut donc bien examiner toutes les circonstances où ce défaut se montre plus à découvert, chercher à en pénétrer la nature ; et ce n'est que d'après cet examen qu'on doit se déterminer à le combattre dans certains sujets, et à le cultiver avec prudence dans certains autres.

Des bonnes habitudes.

Un autre moyen de s'opposer au vice, c'est de le prévenir par l'habitude d'une vertu éclairée, en apprenant à ses élèves que la véritable sagesse renferme tout le bonheur dont la condition humaine est susceptible, et en les accoutumant de bonne heure à suivre ses préceptes. Par ce moyen, la pratique du bien leur deviendra plus facile de jour en jour. Cette heureuse disposition influera sur toutes leurs inclinations, remplira leurs esprits de lumières pures, et leurs cœurs d'affections consolantes. A proportion des actes

de vertu qu'ilsferont, ils contracteront l'habitude de devenir meilleurs, et la satisfaction intérieure qu'ils goûteront
alors, sera comme une douce rosée qui se répandra dans
leur cœur, qui en nourrira les plus nobles penchants, qui
remplira leur ame des fruits les plus précieux de la vertu ,
et qui ne laissera aucune place pour le vice ni pour la sé-
duction. Or, si l'on sent combien la paix du cœur, la tranquillité de l'esprit influent sur le physique de l'homme, on
doit voir que cette méthode est aussi propre à fortifier les
membres qu'à former l'esprit et le cœur.

Des fruits de l'expérience.

De touts les moyens de communiquer à l'homme, dès les
premiers temps de sa vie , les qualités morales, le plus frap-
pant et le plus persuasif est l'expérience. Quelles impressions, toutes choses d'ailleurs égales, doivent être plus for-
tes, plus durables, doivent laisser un sentiment plus vif que
celles qui viennent de l'intérêt personnel! Heureux celui
qui, avant d'avoir atteint l'âge où les fautes peuvent avoir
de grandes suites, reçoit de l'expérience des leçons dont il
lui reste un long souvenir ! Quelques légères pertes faites au
jeu, avec un malheur constant, préservent pour toujours
un jeune homme, de cette rage effrénée qui fait risquer la
fortune, la probité et l'honneur, et troquer une vie tranquille et douce contre les convulsions du désespoir et la dé-
solation de sa famille. Un petit nombre d'affronts reçus à
propos, et accompagnés de justes humiliations, guérissent
radicalement un autre d'un sot orgueil qui lui auroit attiré
mille ennemis, et auroit peut-être causé sa perte. Celui-ci
doit aux délices d'un divertissement honnête , répété autant
qu'il le désire, l'avantage d'être à jamais détourné d'un
honteux libertinage où il alloit s'abrutir. L'heureuse occasion qu'a eu celui-là d'éprouver cette volupté pure qui accompagne une bonne action, a été le principe de cette géné-
rosité qui le distingue et lui fait tant de vrais amis.
Mais quelle expérience est capable d'acquérir un sujet
naissant, sur qui les événements ont si peu de prise? Je
réponds que les événements sont relatifs, et qu'il en est
pour touts les âges. L'enfant étant susceptible de sentiments
très-vifs, est dans le cas de profiter de ceux qu'il éprouve.
Dès qu'il commence à se connoître, il est très-sensible à
l'approbation et au blâme; et il est aisé d'observer avec Locke,

dans les enfants même au berceau, des signes bien marqués de beaucoup de passions. On connoît le trait de celui qui battu, légèrement mai. sans sujet, par sa nourrice, pensa étouffer de colère. Quand est-ce, en effet, que l'homme doit être plus susceptible de toutes les passions, que dans un âge où ses fibres sont plus sensibles, où son ame toute neuve est plus vivement affectée qu'en aucun temps, et où la souplesse de ses organes les rend plus que jamais capables de se prêter aux inflexions du dehors? Enfin il en est de lui, à touts égards, comme d'une plante dont la végétation est plus vigoureuse et plus hâtée lorsqu'elle sort de terre, que lorsqu'elle se couvre de fleurs et de fruits; mais qui aussi est plus exposée en même temps à souffrir des injures de l'air et de l'influence des mauvais sucs. L'expérience sera donc, pour un maître habile, une source féconde d'instruction.

Les bonnes lectures et les spectacles bien choisis.

Il ne faut pas croire qu'on réussira parfaitement à bien élever la jeunesse, si l'on se contente de montrer combien les fruits de la vertu sont doux et agréables; il est encore nécessaire de faire voir qu'il est facile de les acquérir.

Pour remplir ce nouvel objet, il faut prendre garde au temps où l'on présente ces vérités, et à la manière dont on les montre. Le temps le plus propre, c'est le moment où le cœur est ému par le bien, et où les passions lui ont causé quelques désagrémens. La manière la plus favorable, c'est de se servir plus souvent d'exemples que de leçons, et de mettre sous les yeux de son élève, soit en réalité, soit en représentation, le plus qu'on peut de modèles propres à embellir son caractère, et à lui présenter le vice toujours odieux, toujours persécuté, et toujours malheureux; la vertu, au contraire, toujours aimable, comme elle l'est en effet, toujours bienfaisante, toujours accueillie partout, par-tout heureuse, et enfin récompensée. Il faudra consulter pour cela les œuvres de Berquin, les soirées du hameau, etc. On y trouvera de ces scènes attendrissantes propres à produire les heureux effets que nous désirons.

L'histoire fait partie de l'éducation; et c'est ce répertoire général des vices et des vertus, qu'il faut sans cesse mettre sous les yeux de ceux qu'on élève, et leur présenter comme l'étude de la providence. En effet, c'est-là où l'on voit que si Dieu ne parle pas toujours, il agit toujours en Dieu, qu'il

se joue des sceptres et des couronnes, qu'il abaisse les uns,
qu'il élève les autres, qu'il tient dans ses mains les récompenses pour les bons et les châtiments pour les méchants, et
qu'il faut que touts les scélérats de la terre boivent tôt ou
tard de cette coupe mystérieuse, pleine du vin de la justice
qu'il réserve à leurs forfaits. Par ce moyen, l'étude de l'histoire nourrit la vertu, élève l'homme au-dessus de lui-
même, le soutient dans les revers, fortifie son courage, le
rend capable des plus grandes résolutions, des plus intrépides efforts, et le remplit enfin de cette magnanimité solide
et véritable, qui fait non-seulement le bon citoyen, mais
encore le héros de la nation.

Pour tirer de cette partie de l'éducation le double avantage de former le cœur et l'esprit, il faut avoir de petites
histoires, reliées séparément, bien écrites, en beaux caractères, sur du beau papier. L'une sera propre à corriger un
défaut, l'autre, un autre; celle-ci à porter à telle vertu,
celle-là à telle autre. Le moment favorable venu, le maître
prendra tranquillement son volume; il lira à haute voix et
avec attention. Il fera, à son ordinaire, l'analyse de ce qui
vient d'être lu; il en développera ensuite les circonstances,
et il finira par réduire le tout en une pensée morale, propre
à produire l'effet qu'il cherche. Son élève, par exemple, se
sera-t-il montré intempérant? il offrira à son admiration un
Socrate, un Platon, un Fabricius, un Curius, etc. Aura-
t-il montré de l'intempérance et de la colère? on ouvrira à
ses yeux l'histoire des âges du monde; et là on lui fera voir
cette passion furieuse traînant après elle les ravages de la
guerre, les attentats de la révolte, les fureurs de la discorde,
les éclats de la vengeance, les horreurs des parricides, la
ruine des empires, la chûte des monarques, ces fameuses
catastrophes qui ont en tout temps ensanglanté la scène du
monde. Le trouvera-t-on indolent et paresseux? on lui
montrera dans l'indolence et la mollesse des peuples, le
germe funeste de la décadence des plus fameux empires:
dans Rome austère et laborieuse, on lui fera voir Rome
libre, triomphante, au comble de la gloire; dans Rome li-
vrée aux délices d'une vie molle et oisive, il appercevra
avec étonnement Rome esclave et devenue le jouet des nations, dont elle avoit été la terreur. S'il est timide et pusil-
lanime, les beaux traits de la vie d'Alexandre, d'un Pepin,
d'un Charlemagne, d'un Charles XII, d'un du Guesclin,
d'un Bayard, d'un Jean Bart, d'un Chevert, de mille autres,

pourront echauffer son cœur, animer son imagination, raf-
fermir ses sens, lui donner du courage et peut-être même
lui inspirer l'ardeur de l'héroïsme. Paroîtra-t-il trop comp-
ter sur ses propres forces, et s'attribuer toute la gloire du
bien qu'il fait ? on offrira à ses regards Turenne prosterné
à terre, les yeux élevés vers le ciel, les genoux dans la
boue, implorer, dans cette humiliante posture, le secours
du Tout-Puissant, et attendre la victoire de celui-là seul
que l'écriture appelle le Dieu des armées. On lui fera voir
d'autres fois, un Galba qui trouve sa perte dans la souve-
raineté, à cause de la rigidité de son esprit, de sa mauvaise
économie, de son incapacité à se plier aux circonstances ;
un Vitellius, qui se déshonore par la crapule, par sa bas-
sesse, par touts les vices d'une ame lâche et de boue ; les
Calicula, les Néron, les Domitien, dont les folies et les
cruautés ont fait leur supplice, le malheur et l'opprobre de
l'humanité ; un Nerva, dont la timidité et la foiblesse l'ex-
posent au mépris des soldats. A ces traits, on opposera le
règne d'un Trajan, qui se regarde comme le chef et non
comme le maître de l'état, qui ne se distingue des autres
sénateurs que par une plus grande assiduité au travail, qui
vit au milieu de ses sujets, comme un père qui ne respire
que le bonheur de ses enfants, qui porte ses soins jusqu'à
déchirer la chemise qu'il a sur le corps pour bander les plaies
de ses soldats ; on opposera la vie d'un Adrien, qui donnoit
l'exemple de tout ce qu'il exigeoit des autres, marchant à
pied comme Trajan, à la tête de ses armées, et chargé d'une
pesante armure, exact sans petitesse, sévère avec douceur,
libéral avec prudence, et se faisant adorer de ses sujets, en
les assujettissant au devoir ; on opposera un Antonin, dont
le calme n'étoit jamais troublé par aucune passion violente,
toujours maître de lui-même, ferme et indulgent selon les
circonstances, équitable, doux, poli, tranquille, aussi
digne de commander aux autres, qu'il étoit capable de se
commander à lui-même, encore plus respecté par ses vertus
que par l'éclat de la puissance dont il étoit revêtu. D'autres
fois le maître fera retentir aux oreilles de ses élèves, ces
paroles touchantes que le peuple français prononça avec des
sanglots lamentables, accompagnés d'un torrent de larmes,
en assistant aux funérailles du roi Robert : *sous le règne de
Robert, nous vivions en sûreté et sans crainte ; puisse ce
prince si tendre et si bienfaisant, puisse ce père du sénat,
le père de touts les gens de bien, jouir éternellement dans*

le ciel du bonheur qu'il a mérité par ses vertus ! Quelquefois il leur répétera ces belles paroles de Titus, les délices
de son peuple, qui, se ressouvenant un jour qu'il n'avoit
fait aucun bien particulier à personne, s'écria : *mes amis,
voilà un jour perdu pour moi*, ou ces autres de l'empereur
Néron, que l'on pressoit de signer un arrêt de mort : *je
voudrois ne pas savoir écrire ;* ou celles-ci de l'empereur
Théodose, dans une pareille circonstance : *plût à Dieu que
je pusse ouvrir les tombeaux, pour rendre la vie aux morts !*

Enfin, c'est principalement par l'histoire qu'un bon maître doit s'appliquer à apprendre à ses élèves à être bons,
affables, généreux compâtissans, maîtres de leurs passions,
à détester l'intrigue, à favoriser le vrai mérite ; et quand
l'histoire ne pourra pas le servir à son gré, ou qu'elle ne fera
pas l'impression qu'on en attendoit, il y suppléera par des
fictions dramatiques. Dans ces représentations, quelquefois
ce sera un magistrat judicieux, qui tantôt chassera avec
éclat un vil mercenaire qui cherche à le corrompre, tantôt
accueillera et récompensera l'ame intrépide et patriotique
qui ose lui dire une vérité salutaire, tantôt renoncera à ses
plaisirs pour mieux remplir ses devoirs, et pour la gloire de
sa réputation. D'autres fois on lui montrera un personnage
distingué qui, oubliant ses titres et ses richesses, sourit à
l'un, tend à l'autre une main caressante, écoute un troisième
avec intérêt, et descend dans la chaumière du pauvre, pour
y répandre des richesses et y verser des consolations. Ici, on
lui fait voir un jeune homme doux, modéré, respectueux
envers ses maîtres, ou un fils tendre et reconnoissant, toujours attentif à plaire aux auteurs de ses jours, dont il est
la joie et le soutien, et n'estimant rien tant dans sa fortune,
que le pouvoir qu'elle lui donne de leur mieux prouver sa
tendresse. Là, on lui représente le père de famille qui reçoit
dans son sein l'enfant prodigue qui revient à lui. On le ra-
menera de temps en temps aux œuvres de Berquin, aux
fables de Lafontaine, à la lecture de l'immortel Télémaque,
ouvrage digne des plus grands éloges, et si propre à porter
aux vertus sociales et politiques quiconque le lira avec intérêt. Eh ! qui pourroit lire autrement les écrits du tendre,
du vertueux et de l'inimitable Fénélon ?

Touts ces spectacles, tant vrais que faux, imprimeront,
dans l'esprit des jeunes gens, des traces profondes, renfer-
meront autant de germes des vertus morales, sociales et

politiques dont ils ont besoin pour devenir des hommes précieux à la société.

Comparaison de toutes nos actions avec des principes sûrs, et à la portée de la plus simple intelligence.

Nous aurions peu fait d'avoir présenté la vertu dans tout son éclat, et le vice dans toute son infamie; d'avoir fait observer qu'il en coûte plus pour être vicieux que pour pratiquer la vertu; d'avoir montré l'homme vicieux au milieu des remords qui le déchirent, et l'homme vertueux jouissant en paix des délices d'une conscience pure et éclairée, il faut encore ramener toutes ces vérités à une loi simple, facile à saisir, et sur laquelle nous puissions comparer toutes nos actions. La voici cette règle; elle est gravée dans le cœur de tous les hommes; elle est fondée sur cette inclination dominante et générale, qui nous porte à desirer notre conservation et à chercher notre bonheur. Ce sentiment impérieux de notre cœur est ce qu'on appelle amour-propre.

Toute la morale, toute la religion naturelle n'est autre chose que cette loi connue de tout le monde : *fais à autrui ce que tu voudrois qu'il te fît.* C'est à ce principe si simple et si naturel qu'il faut renvoyer ses élèves, toutes les fois qu'ils ne font pas le bien qu'on désire d'eux. On doit, surtout, leur faire voir que, si c'est de cette règle que découlent toutes les vertus morales et toutes nos obligations sociales, c'est aussi de son observance que dépend notre bonheur.

Une courte énumération suffira pour démontrer la première de ces vérités, et l'expérience convaincra de la seconde. Effectivement c'est de cette règle, comme d'une source féconde, que découlent le respect et l'amour envers Dieu, une résignation parfaite à sa volonté, l'assujettissement de nos passions, la culture de notre esprit, la règle des affections de notre cœur, la justice, l'humanité par rapport aux autres hommes, le bon usage des richesses, la patience dans les souffrances, toutes vertus qui sont pour l'ame autant de biens qui rendent l'homme heureux, et toutes découlent du principe général que nous venons de poser.

Premièrement, nos devoirs envers l'Être-Suprême sortent de ce principe; car pourquoi dois-je à Dieu des sentiments d'amour et de respect ? n'est-ce pas parce qu'il faut faire à autrui ce que nous voudrions qu'il nous fît, s'il étoit à notre place ? Nous tenons tout de Dieu : nous lui devons notre existence, notre conservation, les biens dont nous jouissons et l'éloignement des maux. Or, serions-nous bien aises que celui qui nous doit tout, nous oubliât à jamais ; qu'il tournât contre nous nos bienfaits ; qu'il en fît un usage contraire aux vues que nous avons eues en les lui donnant ; en un mot, qu'il se montrât ingrat et méconnoissant ?

N'est-ce pas le même principe qui doit diriger toutes nos actions envers notre prochain ? Pourquoi faut-il que je sois sage, prudent, honnête, décent, circonspect, courageux, patient, modéré, sobre, etc. ? C'est toujours par le même principe : *fais à autrui ce que tu veux qu'il te fasse.* Effectivement, puis-je manquer à ces vertus, sans aller contre ce précepte ? Car comment pourrois-je travailler sérieusement au bonheur des autres, sans m'occuper du mien ? Si je ne suis ni sage, ni prudent, ni circonspect, ni sobre, ni courageux, ni patient, etc., combien omettrai-je de choses dont l'omission sera préjudiciable à mon prochain ? Combien ferai-je de choses qui lui seront dommageables, qui ôteront le calme à mon ame, qui l'occuperont d'elle seule, qui lui feront oublier ce qu'elle doit à la société, et qui, par retour, la priveront des secours qu'elle a besoin d'obtenir des autres ?

Fais à autrui ce que tu veux qu'il te fasse : Dieu te voit : cherche à faire le plus grand bien. Trois maximes que les jeunes gens doivent trouver par-tout, et auxquelles il faut les renvoyer toutes les fois qu'il leur arrive d'avoir besoin d'être repris. L'histoire nous apprend qu'Alexandre-Sévère répétoit sans cesse cette maxime à ceux qu'il trouvoit en faute, et qu'il l'avoit fait graver dans son palais et à la porte de touts les édifices publics ; ce qui fut un puissant motif pour retenir les méchants, et pour inspirer le goût des vertus sociales.

Décisions tirées des réponses de ses élèves, et de l'expression de leurs sentiments.

Ajoutons aux moyens précédents celui de s'en rapporter aux décisions de son élève, de l'interroger sur ce qu'il pense de l'action qu'il vient de commettre, comment il l'envisageroit dans un autre, et quels moyens il lui indiqueroit

pour réparer la faute qu'il a commise; enfin, on remuera **ses** sentiments. Seroit-il possible, lui dira-t-on, que vous **ayez** pris la résolution de vivre sans un cœur honnête, bon **et** compâtissant, sans réputation, sans gloire, dans l'infa- **mie**, bourrelé par les remords piquants d'une conscience alarmée, de cette conscience que l'auteur de vos jours a placée au dedans de vous, comme un ange tutélaire, pour **vous** avertir de vos devoirs, pour vous rappeler de vos éga- rements, et pour vous conduire ainsi au bonheur, à la vraie félicité? Ah! mon enfant! mon cher enfant! plutôt **vous** voir périr, disoit une mère tendre à son fils, plutôt **vous** voir mort, que d'apprendre que vous avez manqué **essentiellement** à vos devoirs.

Nous n'avons jusqu'ici envisagé l'histoire que comme une école de vertu. Dans un autre volume nous applique- rons nos élèves à y puiser des leçons de politique, en cher- chant les causes de l'aggrandissement et de la chûte des empires, du gain **et** de la perte des batailles; à étudier le caractère des peuples et des grands hommes dont parle l'his- toire; à apprendre l'art précieux de conduire les affaires **avec** prudence, d'en prévoir les suites, d'en assurer le succès, de chercher à démêler, dans chaque événement, les **vues** secrettes ou les passions qui en ont été le principe, **les** ressorts cachés, les moyens qui en ont facilité l'exécu- tion, et les fautes, les contre-temps qui en ont empêché la réussite; à exposer les moyens qu'ils auroient cru devoir employer eux-mêmes, s'ils se fussent trouvés en pareille occasion.

Mais ce n'est pas assez d'avoir indiqué les moyens que nous avons cru les plus propres pour perfectionner l'édu- cation physique et morale, il faut encore donner aux jeunes gens la facilité d'en connoître les principes, les moyens d'en pratiquer les maximes, d'en sentir toute l'importance et d'en recueillir les fruits. Pour cela nous présenterons trois petits livrets, dont le premier traitera de la discipline inté- rieure des écoles et des colléges; le second présentera un abrégé de la morale pour les petites écoles; et le troisième, le développement de cette morale pour les grandes insti- tutions.

DE LA DISCIPLINE INTÉRIEURE

DES ÉCOLES ET DES COLLÉGES.

Nous considérons ici séparément les devoirs des différentes personnes qui concourent à l'administration des Ecoles et des Colléges : professeurs d'Ecoles et des Colléges, chef de l'école, parents, maîtres de pensions, écoliers, touts trouveront ici des règles relatives à leur état.

Des devoirs du chef d'Ecole.

Le chef est l'ame de l'école; en conséquence, il aura soin de mettre tout en mouvement; il établira par-tout le bon ordre; il présidera à tout, aux mœurs, à la discipline, à l'éducation et aux études.

Devoirs du chef par rapport aux mœurs.

Le soin des mœurs est le devoir le plus essentiel d'un chef. Sa négligence sur ce point seroit très-criminelle et auroit des suites très-funestes. Les instructions, la vigilance, l'exemple et quelques attentions particulières, rempliront cette partie importante des devoirs que son état lui prescrit.

Des instructions.

L'ignorance de la morale est, plus qu'on ne pense, la source funeste des désordres qui régnent dans la société. Le chef fera donc son possible pour que toute sa jeunesse soit instruite à fond des devoirs qui font l'honnête homme et le bon citoyen. Indépendamment des instructions que chaque professeur doit faire touts les jours à ses écoliers, suivant leur portée et l'ordre indiqué dans le tableau des classes, le chef en fera une générale, une fois chaque quinze jours, où toute l'école doit assister.

Des études.

Les études iront toujours bien, si le chef sait gagner l'esprit de ses professeurs, et mettre de l'émulation dans les classes; en conséquence, il observera :

1°. Que l'esprit de gouvernement consiste à avoir un caractère liant et sociable, pour s'attacher ceux qu'on doit conduire, pour s'en faire estimer et aimer, et pour s'attirer leur confiance. Il aura donc, pour les professeurs, des manières douces et prévenantes; il éloignera tout air de hauteur et d'empire; il se donnera bien de garde de reprendre aucun maître en public; il ne prendra aucun parti entre les professeurs, et ne décidera rien par autorité, mais il aura recours aux livres et à la pluralité des voix.

2°. Il s'appliquera à jeter de l'émulation dans les classes par de fréquentes visites qu'il y fera, pour se faire rendre compte des progrès des écoliers, pour soutenir les bons, pour animer les médiocres, pour appuyer en tout les professeurs. En conséquence, il fera touts les quinze jours des visites générales de toutes les classes, et quatre fois l'année des visites particulières de chaque classe. Toutes les séances de ces dernières visites seront solemnelles et employées à faire une classe ou deux. On y interrogera les écoliers sur ce qu'ils auront vu depuis le temps de la dernière visite. On tiendra registre de ces inspections, afin qu'au bout de l'année on ait une note exacte des progrès de chaque écolier, dans les vertus et dans les sciences.

L'écolier qui aura le mieux réussi dans ces examens, recevra un prix au bout de l'année, et sera marqué pour aller étudier dans l'université de sa région.

De la discipline des écoles.

1°. L'exactitude et la fermeté dans la discipline est la chose qui contribue le plus au bon ordre, à l'honneur des maisons d'instruction et au progrès des études. En conséquence, le principal ne souffrira jamais dans l'école aucun écolier scandaleux et indisciplinable, qui puisse corrompre la pureté des autres ou leur inspirer un esprit de révolte. Dans ces deux cas, il sera inflexible. S'il est obligé de souffrir quelque temps le corrupteur, ce doit être pour tâcher de le ramener d'abord par ses avis, par ses amitiés particulières, par des réprimandes convenables. Si touts ces secours deviennent inutiles, l'exclusion ne doit pas être différée, de peur que le mal ne se communique. Le principal aura toujours devant les yeux qu'il est le chef de la famille; que l'honneur, la vertu de tous lui sont confiés; que la société a le droit de lui demander compte de tous, et qu'il en

est

est responsable, si quelques-uns se sont perdus, parce qu'il n'en aura pas éloigné le séducteur.

2°. Le chef établira l'autorité de touts ceux qui travaillent sous lui; il soutiendra avec fermeté et prudence les professeurs, et les appuyera fortement dans toutes les occasions; il ne leur donnera jamais tort devant les écoliers, se réservant de s'expliquer avec eux en particulier sur ce qu'il auroit pu avoir remarqué de défectueux dans leur administration.

3°. Comme c'est l'union, le concert, l'unanimité qui sont la vie de tout bon gouvernement, il verra, le plus souvent qu'il sera possible, les professeurs qui travaillent avec lui; il leur proposera ses vues pour le bien de l'école, écoutera volontiers leurs avis, et fera en sorte que son esprit règne par-tout, afin que tout se fasse par son mouvement.

4°. Il doit se piquer de l'exactitude la plus scrupuleuse, et se souvenir que c'est chez les jeunes gens, plus que chez les personnes formées, que se vérifie la vérité de cette maxime fondée sur la fragilité de la nature humaine : *la négligence des plus petites choses entraîne nécessairement la ruine des plus grandes.* Le chef saisira donc touts les mouvements du collége, et les fera tourner vers le but commun. Il aura attention que chaque chose se fasse bien, sur-tout dans son temps, dans le moment marqué, quand la cloche sonne. Il ne souffrira pas ces traîneurs qui se succèdent lentement les uns aux autres. L'exactitude est d'une trop grande conséquence dans touts les emplois de la vie, pour ne pas être observée ici très-scrupuleusement. Il veillera donc à l'observation des plus légers réglements, donnera l'exemple en tout, et engagera les professeurs à en faire de même. Dès que la cloche sonne, le chef, les maîtres, les écoliers, touts doivent paroître.

De l'éducation.

La politesse est le lien de la société et le coloris de la science et des vertus : le chef prendra donc un soin particulier de former le caractère et les mœurs des jeunes gens qui lui seront confiés; il leur inspirera le goût d'une politesse soutenue et aisée; il veillera à ce que chacun n'ait dans son extérieur rien de mal-propre, de rebutant, de grossier, rien qui décèle une négligence marquée; et à ce

C

que personne ne soit brusque, chagrin, sombre, taciturne, qu'il ne tutoie, qu'il ne frappe point ses condisciples ; qu'il n'ait rien d'affecté ni de recherché dans son maintien. Il travaillera à rendre ses élèves complaisants, doux, d'un abord facile, patients et ne se piquants de rien. L'aménité, la gaieté, la franchise seront leur caractère dominant ; et, afin de travailler sur leurs esprits et sur leurs humeurs, il les prendra les uns après les autres, il leur découvrira en particulier et avec précaution, les défauts que leurs confrères leur reprochent. Il les laissera parler en liberté, et les amènera doucement à reconnoître qu'ils sont tels qu'on les dépeint, et qu'ils ont besoin de réforme ; alors il leur proposera le remède et la facilité de l'appliquer ; il appuyera ce qu'il aura dit, en leur proposant l'exemple de ceux de leurs condisciples qui se font estimer par la qualité qu'on demande d'eux ; mais il se donnera bien de garde de tirer ces exemples de la personne de quelque condisciple, pour qui ceux-ci auroient montré de l'indifférence. On reverra ensuite ces jeunes gens : bientôt on leur demandera où ils en sont ; on les louera ou on les blâmera, suivant ce qu'ils auront fait ou refusé de faire pour leur avancement.

Des devoirs des professeurs.

Pour bien remplir leurs devoirs, les professeurs et régents observeront ce qui est prescrit dans les deux articles suivants. Le premier regarde la discipline de la classe ; le second la conduite intérieure de chaque école.

De la discipline de chaque classe.

La première chose dont un maître doit s'occuper, c'est de faire écouter ses leçons avec silence et respect, et de maintenir l'ordre dans sa classe. Il ne négligera rien pour cela, et se fera obéir au premier signal. Pour y réussir, les professeurs et régents auront soin :

1º. Que dans toutes les écoles, même dans les hautes classes, les écoliers changent touts les mois de places et de voisins, afin de leur faire éviter la familiarité si contraire à l'attention et au silence.

2º. De regarder l'émulation comme le plus grand avantage des classes ; un maître ne sauroit être trop attentif à l'exciter et à l'entretenir parmi les écoliers. Il tâchera d'inspirer, même aux médiocres, de l'ardeur pour le travail; il exercera, autant qu'il pourra, touts ceux qui lui sont confiés, tantôt l'un, tantôt l'autre; il se donnera bien de garde d'en abandonner aucun à sa paresse, en le laissant un temps considérable sans lui faire rien dire, ni sans exiger qu'il rende aucun compte de son travail. S'il est juste de faire parler plus souvent ceux qui ont le plus de talents et de bonne volonté, ce seroit une grande injustice d'en négliger d'autres, jusqu'à les laisser des mois entiers sans les faire parler. On prendra ces derniers, quand les autres auront rendu compte de leur travail; on les mettra sur la même matière, on les aidera, on les encouragera et on étudiera leur caractère plus particulièrement que celui des autres, afin de leur faire mettre en œuvre le peu de forces et de ressources qu'ils ont pour s'élever. Un maître ne doit jamais désespérer d'aucun de ceux qui sont confiés à ses soins; souvent le temps et la constance ont fait de très-bons sujets de ceux qui se seroient abrutis, si on les eût abandonnés à leur lenteur.

Un des moyens les plus sûrs pour maintenir la discipline des classes, et pour procurer l'avancement des écoliers, c'est de voir souvent les parents ou les maîtres de pensions de ceux qu'on élève. Les professeurs feront donc tout ce qu'ils pourront pour mériter leur confiance; ils les informeront souvent de la conduite de leurs enfants ou pensionnaires; ils leur donneront avis de tout ce qu'il feront de bien ou de mal, et prendront avec eux des mesures sages et prudentes pour régler les récompenses ou les peines que ces enfants méritent. Cette règle sera plus scrupuleusement observée pour les hautes classes, où il est plus difficile de contenir les écoliers, et où les corrections ont plus de suite.

De la conduite du maître dans sa classe.

1°. Le professeur ne perdra pas de vue qu'il doit son temps à son état : conséquemment il ménagera touts ses moments, et les mettra tous à profit, pour le plus grand bien de ceux qui lui sont confiés, ayant soin de se rendre dans sa classe aussitôt que le moment arrive de s'y trouver, et ne la quittant que pour des affaires indispensables.

2°. Les maîtres, dans l'éducation de leurs élèves, doivent moins se proposer de leur apprendre des sciences que de leur former le cœur, de leur inspirer des principes d'honneur et de probité, de leur faire prendre de bonnes habitudes, et de corriger les mauvaises inclinations qu'ils remarqueront dans leur caractère.

3°. Dès les premiers jours ils étudieront le caractère de leurs écoliers, afin de se mettre en état de les bien conduire. Ils s'appliqueront à connoître leur humeur, leur pente, leurs talents, leurs passions, leur inclination dominante.

4°. Ils prendront, dès le commencement, une très-grande autorité, et feront tout ce qui dépendra d'eux, pour ne pas la perdre. En conséquence, ils éviteront de se trop familiariser avec leurs écoliers; ils prendront, au contraire, un air de retenue et de sage réserve, pour se faire aimer et respecter en même temps. Ils s'étudieront à avoir un caractère d'esprit égal, ferme, modéré et toujours maître de lui-même; ils se donneront bien de garde de paroître jamais agir par caprice ou par passion.

5°. Ils accorderont de bonne grace tout ce qu'ils croiront pouvoir accorder; mais s'ils ont des raisons pour refuser, ils ne céderont jamais ni aux cris, ni aux importunités, de peur d'accoutumer leurs écoliers à devenir importuns et chagrins. Cette ferme résistance rompra la volonté des jeunes gens, et fera que l'obéissance ne leur coûtera plus rien dans la suite.

6°. Ils se feront aimer et craindre filialement en même temps. Pour y réussir, ils se regarderont comme tenant la place de ceux qui les leur ont confiés. Ils se feront un vrai plaisir de s'intéresser pour eux auprès de leurs parents, afin de leur en obtenir ce qu'ils desirent raisonnablement. Quand ils seront obligés de les reprendre, leurs réprimandes ne seront ni amères ni offensantes; ils les avertiront souvent de leurs devoirs, et leur feront connoître la joie qu'ils ont de les voir marcher dans le sentier de la vertu.

7°. Le maitre prendra garde à la qualité des châtiments qu'il exerce, au temps et à la manière de les appliquer. Les arrêts et les privations de congé, de récréation, de menus plaisirs, en un mot, des choses qui plaisent le plus aux jeunes gens, seront les châtiments ordinaires. Le fouet a quelque chose d'indécent et de bas, qui n'est propre qu'à aigrir les esprits, qu'à les abrutir, qu'à les rendre rampants, bas, vils, et à dégoûter pour toujours les meilleurs caractères; aussi n'a-t-on jamais vu que cette correction avilissante ait produit aucun bon effet. Par conséquent, on n'en viendra jamais à cette ressource, quand il sera question de corriger.

8°. Il faut faire un juste discernement des fautes qui méritent d'être punies d'avec celles qui doivent être pardonnées. Celles qui arrivent par inadvertance, par ignorance, par légéreté, par foiblesse; celles en un mot qui ne sont pas l'effet de la malice ou d'un mauvais caractère, doivent être pardonnées; mais on punira sévèrement et sans miséricorde, l'opiniâtreté dans le mal, l'indocilité et la désobéissance, quand elles seront soutenues. Le régent mettra alors tout en usage pour faire rentrer son écolier en lui-même, et pour corriger, s'il est possible, son mauvais naturel; et quand touts les remèdes auront été inutilement employés, il faut venir à l'exclusion du collége. De touts ces défauts, le plus difficile à corriger, c'est la paresse opiniâtre et insensible. Il faut d'abord voir si elle n'est pas produite ou nourrie par un autre vice; le jeune homme ne voit peut-être pas l'utilité qu'il peut retirer des études; il ne se propose peut-être aucune fin; il se peut faire qu'il n'ai point de mœurs; qu'il ne soit pas assez suivi dans la maison paternelle; il fréquente peut-être des paresseux, des joueurs ou des coureurs. Il faut attaquer chacun de ces défauts; par des remèdes appropriés. Si l'on voit que rien ne profite, on essayera de rendre l'étude supportable à cet écolier, en ne le faisant parler qu'après que plusieurs autres auront déjà rendu compte du même sujet. Quand on aura tout employé sans fruit, il faut en venir aux châtiments; peut-être que la crainte fera ce que les remontrances et l'honneur n'auront pu faire.

9°. Le châtiment une fois jugé nécessaire, il y aura un temps et une manière de le faire subir. On ne punira jamais un écolier dans l'instant même de sa faute, de peur de le pousser à bout, et de lui en faire commettre de nouvelles en l'aigrissant; mais on lui donnera le temps de rentrer en lui-même, de sentir son tort, et de bien voir toute l'étendue de sa faute. Il faut donc attendre qu'il ait l'esprit assez libre pour reconnoître son écart, pour l'avouer, pour vaincre sa passion, et pour sentir la justice et l'importance des avis qu'on lui donne et des corrections qu'on lui fait.

10°. Le maître ne punira jamais avec passion, comme il arrive souvent, lorsqu'il est trop fâché de la faute qu'il veut punir. Il se donnera bien de garde de paroître en colère, et jamais il ne se montrera plus modéré, que dans le

temps qu'il punira des fautes qui le regardent personnelle-
ment, si toutefois il arrive qu'il soit obligé de le faire, ce
qui est très-rare.

11°. Il ne punira jamais par lui-même, parce qu'on ne
peut punir sans émotion, ce qui pourroit avoir deux in-
convéniens également dangereux; peut-être que le maître
pousseroit la correction plus loin qu'il ne convient; peut-
être aussi que l'écolier la regarderoit comme la suite de la
mauvaise humeur du régent. Dans ces deux cas, il n'y a
point de fruit à attendre des corrections les plus justes et les
plus méritées.

12°. Le temps de la correction arrivé, le maître se donnera
bien de garde de prononcer le genre de peine qu'il faut exercer; il fera juger l'affaire par les premiers de la classe, qu'il
invitera à suivre les règles du règlement de l'école. Il évitera sur-tout d'exciter l'aigreur du coupable, en lui disant
des choses trop dures, et en lui marquant trop de mépris.
Il prendra un visage sévère; mais ses paroles seront celles
d'un père abattu et affligé; en lui représentant sa faute, il
lui indiquera les moyens et la facilité de l'éviter une seconde
fois.

13°. Comme les enfants aiment à être traités en gens rai-
sonnables, dès l'âge le plus tendre, le maître les entretiendra dans cette bonne disposition, en leur rendant toujours
raison de la conduite qu'il tient à leur égard. Il ne prétendra
jamais les assujétir par une autorité absolue. Il leur proposera un but solide et agréable; il les soutiendra dans leur
travail par mille espérances flatteuses; il leur dira, par
exemple, c'est pour vous mettre en état de vous faire honneur, que j'exige cela de vous. Je connois mieux vos talents que vous ne les connoissez; vous ne sentez pas assez
ce que vous pouvez; il vous est facile de vous distinguer des
autres; encore un effort, et vous serez au point où je vous
veux; on a des vues sur vous, etc. On fera l'éloge de tout
ce qu'ils feront de bien, et on les soutiendra dans toutes
leurs démarches.

14°. Le professeur mettra tout en œuvre pour rendre
l'étude agréable; pour y réussir, il se souviendra que tout
dépend des premières impressions, et qu'on doit mettre
beaucoup de goût dans les premières leçons pour les faire
aimer. Il fera en sorte que, si un enfant n'est pas capable
d'aimer l'étude, il ne la prenne pas du moins en aversion.
Il faudra pour cela intéresser son amour-propre, et lui

donner lieu d'être content de ce qu'il fait, l'en louer, proposer des attaques dans toutes les classes, pour les leçons, pour les explications, pour ceux qui auront mieux rendu certaines difficultés, attacher de petites récompenses à ces disputes littéraires, et jamais n'aller plus vîte que leur jugement ne le permet.

15°. Il travaillera à se faire aimer. Si ses écoliers l'aiment, ils l'écouteront volontiers, ils se rendront dociles, se feront un vrai plaisir d'entendre ses leçons; ils recevront de bonne grace ses avis et ses corrections, seront sensibles à ses louanges et ils s'efforceront de mériter son amitié en s'acquittant bien de leurs devoirs.

16°. Il ne perdra jamais de vue que l'étude dépend de la volonté, qu'on ne peut contraindre. Par conséquent, il employera beaucoup de douceur, de raison, de modération, de sang-froid, de patience, d'adresse pour conduire une classe tumultueuse, composée d'une multitude de gens touts différents par leurs mœurs, par leur caractère, par leurs vues et par leur éducation, pour les faire tous marcher de concert, et pour amener à un même but ces divers tempéraments.

17°. Comme rien ne se dit, ne se fait impunément devant les jeunes gens, le maître parlera et agira toujours devant eux de manière à les édifier et à les porter au bien. Il pratiquera le premier ce qu'il jugera à propos de conseiller, et évitera tout ce qu'il veut qu'on évite.

18°. Le maître doit veiller à la conservation de l'innocence de la jeunesse qui lui est confiée. C'est la fin principale pour laquelle il est établi dans la place qu'il occupe; il travaillera donc à sa propre perfection avant de travailler à celle des autres, de peur qu'on ne lui dise : *médecin, guéris-toi toi-même.* D'ailleurs, quelle force pourroient avoir des paroles que l'exemple contrarie ? C'est détruire d'une main ce que l'on édifie d'une autre. Il montrera en même temps un grand zèle pour le bonheur de ses élèves; il en deviendra le père et l'apôtre; il sera touché de leurs dangers comme du sien propre, et il sera sensible à leurs défauts au point de mettre tout en œuvre pour les rappeler au bien.

Des devoirs des parents et des maîtres de pension.

1°. Les parents sont les premiers maîtres de leurs enfants.

Ils doivent donner plus de soin à leur éducation qu'à leur ménager les biens de la fortune. Ils ne doivent pas croire qu'ils soient déchargés du soin de leurs enfants dès qu'ils les ont placés dans une école ; c'est, au contraire, le temps critique qui va décider de leur sort, pour le bien ou pour le mal. Il faut redoubler de zèle, visiter souvent le chef et les professeurs, et prendre avec eux des mesures uniformes pour éloigner les mauvaises compagnies, pour appuyer les maîtres de toute leur autorité, pour les seconder dans leurs vues, et pour concourir avec eux à assurer l'éducation de leurs enfants. Il seroit bien honteux pour les parents de montrer de l'indifférence dans une affaire si importante et qui les touche de si près. Un professeur doit partager ses soins à toute une classe très-nombreuse ; il ne seroit donc pas surprenant que le zèle le plus ardent de sa part ne fît pas autant de bien qu'en peut faire un père qui n'a qu'un fils, et qui l'a eu habituellement sous les yeux depuis son enfance.

2°. Dès qu'un écolier ne pourra se rendre en classe au temps marqué, les parents ne manqueront pas d'en faire avertir le professeur.

3°. Toutes les veilles des congés, dès qu'un écolier rentrera à la maison paternelle, il sera obligé de remettre à ses parents le certificat de son exactitude à remplir ses devoirs ; et si ceux-ci voient qu'il n'en a pu obtenir, ils seconderont les vues du professeur, soit en lui faisant garder les arrêts, soit en travaillant sur ses défauts. Le jour suivant, les écoliers seront renvoyés en classe avec un billet qui apprendra au maître ce qu'ils ont fait à la maison pour se rendre dignes d'être bien reçus.

4°. Les parents retiendront très-exactement leurs enfants, les feront travailler sous leurs yeux, et présideront à leurs divertissements, soit par eux-mêmes, soit par quelque personne de confiance. Faute de ces sages précautions, les enfants perdent à la maison tout le fruit des leçons qu'on leur a faites en classe.

Ce que nous venons de dire pour les parents, nous le disons pour les maîtres de pension. Ils manqueroient à la conscience et à l'honneur, s'ils ne montroient autant de zèle que ceux-ci, pour le bien de ceux qui sont confiés à leur soin. Les professeurs se feront toujours un vrai plaisir d'écouter les plaintes des maîtres de pension, de leur rendre justice, de les faire obéir et respecter. Ceux-ci doivent s'adresser à eux avec confiance.

Des devoirs des écoliers.

1°. Les jeunes étudiants commenceront par mettre Dieu dans leurs intérêts ; c'est lui qui est la source des lumières, et de qui descend tout don parfait. Il répand principalement ses trésors sur ceux qui le craignent, qui l'aiment, qui observent ses loix, et qui ne travaillent que pour le bien de la société dont il est le père. Tout écolier travaillera donc bien à sa perfection dans le dessein de plaire à Dieu, et d'obtenir ses lumières, pour réussir dans ses études, d'où dépend son bonheur.

2°. Les écoliers se feront un petit plan de conduite pour le temps de leurs études. Ils tâcheront de se lever touts les jours de bonne heure ; ils se rendront ponctuellement en classe dans le temps marqué, et écouteront, dans le silence et avec attention, les leçons de leurs maîtres.

3°. Ils se souviendront qu'il n'y a personne qu'ils doivent plus aimer, après leurs parents, que ceux qui les instruisent. Ils tâcheront aussi d'aimer les sciences qu'ils leur enseignent, et dont le but est de les rendre heureux.

4°. Ils vivront dans un grand respect pour leurs maîtres, puisque ceux-ci leur tiennent lieu de père ; que c'est d'eux qu'ils reçoivent l'instruction, qui est la vie de l'ame ; que c'est à leurs soins qu'ils sont redevables d'être sortis de l'ignorance, de s'être corrigés de leurs défauts, et d'avoir pris des sentiments d'honneur et de probité.

5°. Ils seront dociles et obéissants jusqu'à la tendresse, même dans les moments qu'on est obligé de les châtier, puisque les maîtres n'ont en vue, dans tout ce qu'ils font, que le bien de ceux qu'ils conduisent.

6°. Ils feront de leur mieux pour bien employer leur temps, en se souvenant qu'un écolier qui le perd blesse toutes les loix de la justice : il péche contre l'auteur de ses jours, qui ne l'a mis au monde que pour y travailler au bien de la société ; contre ses parents dont il vole le bien, en le dissipant à des bagatelles, et en l'employant contre leurs plus justes intentions ; il péche contre ses professeurs, qui ont droit de voir porter du fruit au champ qu'ils cultivent avec tant d'assiduité et de peines ; il péche contre la société qui lui procure une instruction gratuite, dont il ne veut pas profiter ; il péche enfin contre lui-même, parce qu'il se déshonore dans le monde, où l'ignorance le livre au

mépris, et qu'il s'expose évidemment à la disette, au re-
pentir et aux suites les plus funestes. Or, pour bien employer leur temps, les écoliers feront tout ce qu'ils doivent
faire, le feront bien, et le feront en son temps.

7°. Ils auront beaucoup d'éloignement pour les mauvaises
compagnies, qui altèrent et ruinent toujours les mœurs les
plus innocentes, confirment dans le désordre ceux qui ont
commencé d'être vicieux, et entraînent souvent dans un
abîme de malheurs ceux qui les fréquentent.

8°. Ils se montreront obligeants envers leurs confrères,
sensibles à l'humiliation de ceux qui auront mérité de recevoir des corrections, et patients pour souffrir les défauts
des autres.

9°. Ils banniront de leurs discours les faux rapports, les
mauvaises plaisanteries et tout ce qui peut blesser l'honnê-
teté et la pudeur. On ne dit rien des imprécations, des jure-
ments, des mensonges; on est bien éloigné de soupçonner
que des enfants à l'éducation desquels on veille avec tant de
soins, puissent jamais tomber dans des vices si bas et si
infâmes.

PLAN
D'INSTRUCTION PUBLIQUE.

Ce nouveau plan d'instruction sera divisé en six parties; la première traitera des connoissances nécessaires à un jeune homme, et des moyens les plus propres pour les lui procurer; la seconde contiendra le détail des sciences qui doivent être enseignées dans des écoles spéciales, aux jeunes gens, après le temps de leurs études communes; la troisième indiquera ce qu'il convient de faire pour la première instruction, dans les petites écoles des campagnes et des grandes communes; la quatrième s'occupera de l'éducation et de l'instruction des filles; la cinquième exposera les moyens que les instituteurs particuliers, tels que les parents, peuvent employer pour apprendre, par la seule conversation, non-seulement les éléments du langage, mais encore ce qu'il y a de plus utile dans les sciences.

De-là cinq espèces d'écoles suivant ce plan. 1º. Ecoles primaires, ou petites écoles pour toutes les communes de la République, où l'on apprend à écrire et à lire.

2º. Ecoles secondaires pour les grandes communes, où l'on doit enseigner les connoissances nécessaires à un jeune homme, qui n'est pas encore en âge de se décider pour un état

3º. Ecoles centrales où chaque élève se puisse former pour un état particulier.

4º. Education et instruction des filles.

5º. Education et instruction particulières.

6º. Moyens de rendre les écoles moins coûteuses au Gouvernement.

PREMIÈRE PARTIE.

Des connoissances nécessaires à un jeune homme, et des moyens de lui procurer ces avantages.

ARTICLE PREMIER.

Moyens de rendre l'instruction publique plus méthodique, plus fructueuse et moins pénible.

Il faut de l'ordre par-tout, principalement dans un plan d'instruction. Les connoissances qui précèdent, doivent être les plus faciles à apprendre, être liées avec les opérations les plus naturelles et les plus communes de l'esprit : il faut que celles-ci servent de base à celles qui doivent suivre, et que les unes amènent naturellement les autres, en commençant par les notions les plus communes et les plus simples, pour s'élever insensiblement jusqu'aux sciences les plus abstraites.

La nature est sans contredit le meilleur des maîtres ; on ne peut se tromper en marchant sur ses traces ; et celui qui l'aura bien étudiée et le mieux imitée, sera celui qui réussira toujours le mieux dans tous les genres. Nos meilleurs poètes, nos plus célèbres peintres, nos orateurs les plus fameux, nos médecins les plus accrédités, ne sont tels que parce qu'ils l'ont prise pour guide ; la méconnoître ou la contredire, voilà la source de toutes les erreurs. Observons comment les premières connoissances entrent dans l'esprit des enfants, nous verrons qu'elles suivent la gradation que nous desirerions introduire dans l'étude des sciences.

Il n'est point ici question de rechercher si nous avons des idées innées ou non ; si c'est notre esprit qui produit ses idées, indépendamment de toute autre cause, ou s'il ne les a qu'à l'occasion des corps ; il suffit de savoir que si nos sens ne sont pas la source de nos perceptions, ils en sont du moins les principaux instruments. Les sens commencent, le concours de l'esprit vient après, et les idées se multiplient : voilà la marche de la nature, ce doit être celle de l'enseignement. Par conséquent toute méthode d'instruction, pour être bonne, doit commencer par les choses qui sont sensibles, pour s'élever par degrés aux choses qui sont insensibles ; par les choses simples, pour parvenir à ce qui est composé ; par s'assurer des faits avant d'en chercher les causes ; par inculquer, par des exemples sensibles et réitérés, les connoissances particulières, dont les maximes générales et les termes abstraits supposent les impressions. Par ce moyen, on suivra l'enchaînement des choses; on les trouvera dans l'ordre où la nature les a placées : les plus communes et les plus nécessaires paroîtront les premières, et serviront d'introduction aux autres : celles-ci sembleront naître d'elles-mêmes et venir de celles qui les auront précédées. Ce qui servira de fondement à l'édifice, sera précisément ce que la nature avoit destiné à le soutenir, et non ce qu'elle réservoit pour lui servir d'ornement. Par-là on arrivera sans peine aux sciences les plus compliquées, on les apprendra de même, et une fois apprises on ne les oubliera presque jamais, parce qu'elles se tiendront les unes aux autres, qu'elles formeront un tout naturel, et qu'elles seront venues, chacune en particulier, dans la place qui leur est marquée par la nature dans l'ordre progressif des sciences.

Il est donc incontestable qu'avant d'en venir aux sciences abstraites, il faut faire passer sous les yeux des jeunes gens une foule d'objets amusants, faits pour fournir à leur méditation, en même temps qu'ils serviront à exciter leur curiosité; mais ici, comme ailleurs, il faut que ce qui est amusant soit en même temps grand, noble, propre à élever l'ame, à la remplir de grandes idées, et à donner matière à beaucoup d'heureuses réflexions. Tels sont les monuments élevés à la vertu, les statues des grands hommes, les chefs-d'œuvres de la nature.

On doit conséquemment commencer par ce que l'on voit, parce que l'on touche, parce que l'on pèse, ce que l'on mesure, par des traits sensibles, par des observations frappantes, des expériences curieuses; les faire voir à diverses reprises, et toujours les faire envisager sous les relations qu'elles peuvent avoir avec les autres créatures, et sous les rapports qu'elles ont à notre bonheur et à l'utilité publique. Un moucheron est peu de chose quand il est confondu dans l'immense collection des êtres; mais qu'il est grand, qu'il est merveilleux dans l'ordre de la nature! J'y découvre un corps bien organisé, des opérations suivies, un mouvement divin; tout y est surprenant, plein de dessein et de proportion. L'histoire merveilleuse de la nature, les points les plus amusants de la physique, l'histoire ancienne et moderne bien présentée, sont des faits, et ces faits sont frappants, sont propres à amuser, à exciter la curiosité et à intéresser notre esprit; ils se présentent sans cesse sous nos sens, et la plupart fournissent à nos besoins les plus pressants. Les histoires de toutes espèces, les points les plus curieux et les plus utiles de la physique, doivent servir d'introduction à des connoissances plus abstraites, et faire la base de toute instruction bien dirigée.

Un second moyen d'abréger de beaucoup le temps des études dans les écoles où l'on enseigne les langues, c'est d'allier méthodiquement l'étude des langues à celle des sciences. Ce moyen doit être saisi avec d'autant plus de confiance, qu'on peut apprendre les langues dans des livres d'histoires piquantes et curieuses, du moins aussi facilement que dans ceux qu'on a composés jusqu'à présent pour cet objet, parce que les écoliers se livrent bien plus gaiement à un travail raisonnable, qui les amuse, qu'à des phrases vuides de sens qui sont sans liaison entr'elles, qui ne présentent à l'esprit que des difficultés rebutantes; parce que, quand on voit ce que l'on fait, et où l'on va, on se livre bien plus agréablement à son travail, que lorsque l'on se traîne dans un chaos épineux, dont on ne voit point d'issue. Ce qui pourroit s'opposer à l'exécution de ce projet, ce seroit l'étude des principes des langues, qui jusqu'ici a été sèche, rebutante et longue; mais nous leverons cette difficulté, quand nous indiquerons la manière dont on doit s'y prendre pour les apprendre facilement.

Un troisième moyen, c'est de faire un grand changement dans la pratique de l'enseignement des langues. Ce n'est point ici le lieu d'examiner s'il convient de commencer l'étude des langues étrangères par la traduction ou par la composition; mais ce que nous voulons maintenant établir, c'est qu'il faut prendre la matière de l'ouvrage dans l'objet même de la classe que l'on suit. Par-là on épargnera les frais d'un maître particulier pour les langues, et les jeunes gens s'instruiront sur l'objet de leur classe tout en apprenant les langues. Je m'explique : le professeur d'une classe quelconque, d'histoire naturelle, par exemple, voulant enseigner le latin en même temps que le français, destinera une demie heure de son temps à expliquer un petit recueil latin de l'histoire naturelle de Pline; le professeur d'histoire mettra autant de temps à traduire un abrégé d'histoire ancienne, composée de celle de Justin, de Tite-Live, de Tacite, etc.; le professeur d'éloquence expliquera, pendant la première heure de sa classe, les œuvres de Cicéron, les harangues choisies des anciens, ainsi des autres. Ce que nous disons pour la langue latine, doit être appliqué à toutes les autres langues. Par ce moyen, on verra les meilleures productions de chaque peuple dans touts les genres; les jeunes gens n'auront qu'un objet, celui de leur classe, et ils trouveront une admirable variété dans la méthode de voir les choses sous différentes formes et dans divers idiômes, méthode propre à piquer la curiosité sans la lasser.

Article II.

Des connoissances nécessaires à un jeune homme.

De l'étude des langues.

L'étude des langues entre nécessairement dans un plan d'éducation, et elle y doit tenir un rang considérable, parce que l'intelligence des langues est le premier principe de la société entre les hommes, et un moyen pour réussir dans la recherche des arts et des sciences : c'est elle qui nous met en état de communiquer nos idées à nos semblables, de connoître les leurs, de profiter des lumières de ceux qui se sont distingués dans touts les pays et dans touts les siècles. D'ailleurs l'étude des langues, si elle est méthodique, peut être agréable et très-facile; elle dépend plus de la mémoire que du raisonnement, et la tête des enfants est comme une cire molle qui reçoit facilement ce qu'on y veut imprimer, et en conserve des traces très-profondes. C'est pour ces raisons que l'enfance est regardée comme l'âge le plus propre pour apprendre les langues. Mais, pour commencer par cette étude, il faut y apporter beaucoup de méthode, et y mettre touts les moyens qui sont propres à la rendre facile et agréable, afin de ne pas lui donner un temps qui est destiné à l'étude des sciences.

Il est incontestable qu'on applique aussi facilement les principes de la langue française sur un livre qui traite clairement des arts ou des sciences, que sur des phrases décousues et qui ne disent rien à l'esprit. Il faut, pour les mêmes raisons, dire la même chose des autres langues. En conséquence, dans le cours des études ordinaires, il y aura des livres destinés à apprendre les langues, qui serviront en même temps pour les sciences, suivant la méthode que nous venons d'indiquer dans l'article précédent.

S'il est une langue a laquelle il faille donner la préférence, nous croyons qu'il convient de l'accorder à la nôtre, sans cependant trop la séparer de l'étude des autres langues; parce que les premières leçons doivent être les plus faciles, et qu'il est plus aisé d'apprendre sa langue qu'un idiôme étranger; parce qu'il est plus nécessaire que nous la parlions plus correctement qu'une autre; parce qu'elle suit presque toujours la génération et l'ordre des idées, et que la plupart des autres s'en écartent plus souvent, afin de devenir plus harmonieuses, et de placer chaque terme dans le lieu où il peut mieux marquer l'intérêt qu'il apporte dans une phrase; parce qu'enfin elle sert à mieux faire entendre les autres langues, en marquant les rapports qu'elle peut avoir avec elles, ou en indiquant les différences qui s'y trouvent. Notre langue aura donc la préférence; mais ce ne sera que pour les principes et l'explication des règles du langage. Pour la pratique, toutes les langues doivent aller ensemble et se seconder mutuellement, comme nous en donnerons la méthode à l'article de la langue latine.

S'il est avantageux de commencer par sa langue maternelle, il ne l'est pas moins de l'apprendre par principes; parce que les règles sont autant de cases destinées chacune à recevoir une espèce particulière de mots, et autant de numéros propres à marquer les rapports que chaque terme doit indiquer dans une phrase; parce que cette pratique bien entendue seconde merveilleusement la mémoire, rend l'esprit juste, accoutume les jeunes gens à faire usage de leur raison, à remarquer, à combiner, ce qui doit être le but de toute étude méthodique; car il est certain que rien ne fournit plus de lumière à l'esprit, rien ne le soulage plus qu'un principe appuyé sur de bonnes raisons, placé à propos, amené par les circonstances, éclairé par des exemples frappants et instructifs. Ce principe fut-il relevé, fut-il abstrait, s'il est présenté avec des termes clairs, sous un jour favorable, avec une tournure simple; s'il est éclairé par des exemples, appuyé sur des choses déjà connues et familières; ce principe, dis-je, sera toujours plus sensible que les choses que l'on apprend sans préparation, sans développement, par routine et par le seul effort de la mémoire.

Vouloir conduire les enfants sans leur donner des principes, c'est vouloir accoutumer leur esprit à se payer de

mots

mots, à suivre une route qu'ils ne connoissent pas, pour aller à un but dont ils n'ont point d'idées, ce qui fait qu'ils ne trouvent point au-dedans d'eux-mêmes de sentimens intérieurs, qui les avertissent de l'importance et de la nature des choses qu'ils étudient, et que rien ne se peint dans les esprits, rien ne s'y lie, rien n'y fait impression. Sans principes sur les langues, comment éclairer les doutes et les difficultés qui peuvent embarrasser ceux qui ne parlent que par routine? Comment acquérir la pureté du langage? Comment être sûr qu'on exprime ses pensées avec justesse et avec agrément?

Il faut donc apprendre sa langue par principes; il faut aussi, pour les mêmes raisons, quelques règles pour se diriger dans l'étude des langues étrangères; mais il en faut beaucoup moins, parce que les principes d'une langue peuvent servir pour une autre, en tout ou en partie. Il y a ici, plus qu'en tout autre chose, deux extrémités à éviter, et un sage milieu à tenir. Ne suivre aucun principe dans l'étude des langues, c'est se remplir la tête d'une infinité de matériaux disparates, informes, sans liaison, et capables de jeter la confusion dans les esprits les plus solides et la mémoire la plus parfaite; mais si chaque espèce de mots se trouve dans une case particulière et dans un rang propre à indiquer à l'esprit le rapport que ces termes marquent dans une proposition, et si les règles établies pour indiquer ces rapports et pour prescrire certaines formes, sont en petit nombre, si elles ne demandent aucun travail, aucune combinaison, il est évident que cette méthode contribuera infiniment à faire retenir les langues.

D'un autre côté, admettre indifféremment toutes sortes de règles, comme cela s'est pratiqué jusqu'aujourd'hui, c'est mettre de cruelles entraves dans une étude assez pénible d'ailleurs; c'est donner des peines de plus au maître qui veut les faire comprendre, et à l'écolier qui ne peut les saisir sans beaucoup d'efforts. On ne peut effectivement rejeter le fardeau; mais il est facile de le rendre plus léger, et de se frayer une route plus courte, plus riante et plus sûre. Nous allons en indiquer les moyens.

Toutes les règles sur lesquelles sont fondées les méthodes pour apprendre les langues, sont, la plupart, des branches qui sortent d'une même tige. Si nous remontions jusqu'à leur origine, nous y découvririons des principes assez simples pour être saisis sans effort, et néanmoins assez féconds pour remplacer toutes les petites régles de détail de nos grammaires ordinaires, et touts ces principes factices qui se multiplient à l'infini, et qui sont aussi contraires au nerf et à l'élégance du discours, qu'ils sont opposés aux loix fondamentales du langage.

Il ne faut pour cela qu'une grammaire où l'on examine d'abord la nature des élémens qui composent le discours, savoir ce que c'est qu'une proposition, de combien d'espèces il y en a, et la qualité des termes que chaque proposition admet. On sait qu'il n'entre dans nos discours que quatre espèces de propositions, liées les unes aux autres par des conjonctions ou simples ou composées. Une grammaire méthodique doit donner des moyens de connoître facilement et de faire entendre sans peine les rangs que les mots doivent occuper dans chacune de ces espèces de propositions, les formes qu'ils doivent y prendre et les fonctions qu'ils y font. On sent qu'une telle méthode peut se flatter d'avoir beaucoup de supériorité sur celles qui, prenant les mots les uns après les autres, donnent des régles particulières pour assortir ensemble ceux qui sont faits pour l'être ; puisqu'il y a une infinité de manières d'assortir les mots, et qu'il ne s'en rencontre que sept lorsqu'on les envisage comme nous l'indiquons ici. Le travail pour une langue suffira pour une autre ; car où il y aura analogie pour toutes les langues, ou il n'y en aura point ; si l'analogie a lieu, apprendre les principes d'une langue, c'est apprendre ceux de l'autre ; c'est par conséquent abréger de beaucoup que de les ramener toutes deux aux mêmes principes, et de les présenter en même temps à l'esprit dans le même ouvrage. Les donner séparément, ce seroit tomber dans deux défauts considérables, très-nuisibles à la rapidité des progrès : le premier, de faire perdre de précieuses années aux jeunes gens que l'on forme, en les appliquant, successivement et dans des intervalles éloignés, à un double travail qui seroit abrégé de moitié et deviendroit beaucoup plus facile, s'il étoit présenté dans le même temps et sous un seul aspect ; le second, d'exposer ses élèves à se former des idées contradictoires sur des choses, sur des principes qui ont des noms, des définitions, des titres absolument différents. Ceci n'est propre qu'à jetter de la confusion dans une jeune tête, qui n'est pas encore meublée des idées nécessaires pour faire des rapprochemens et pour combiner.

Cependant les enfants aiment le vrai, l'ordre simple et la

méthode facile. Tout ce qui contrarie ces principes n'est propre qu'a les dégoûter. Il faut conséquemment mettre de la netteté et de la justesse dans tout ce qu'on leur présente, simplifier les principes, prendre la précaution de leur faire approfondir les idées qu'ils doivent retenir, faire agir le jugement, éclairer l'entendement, rendre la vérité sensible, ce qui ne peut avoir lieu qu'en présentant les choses sous la forme qui leur convient, et dans le jour propre à les faire appercevoir. Or, remplira-t-on ce grand objet, si on leur présente la vérité sous plusieurs formes qui n'aient rien de semblable entr'elles, et qui ne se réunissent nullement par aucune analogie? Si l'on conduit son élève par des routes séparées et éloignées les unes des autres, pour en revenir, après beaucoup de temps et de peine, à lui faire entendre que touts ces détours n'ont été pris que pour le mener à un but unique, où il auroit pu parvenir par un seul chemin, en moins de temps et avec beaucoup plus de facilité? Il ne faut pas se faire illusion; cette méthode n'est propre qu'à obscurcir les choses, qu'à les exposer a n'être pas saisies ou à l'être trop tard. Aussi arrive-t-il touts les jours qu'après plusieurs années.d'une étude pénible des langues, de la nôtre, par exemple, et de celle des Romains, on n'a aucune idée nette des principes qu'on a médités dans des méthodes dissemblables entr'elles; on n'a que des idées qu'on ne peut rapprocher, combiner et ramener au but commun. Tout le fruit qu'on retire d'un travail si rebutant et si long, c'est un dégoût absolu pour tout ce qui porte le titre de livre élémentaire, et un éloignement universel pour les sciences. Il est donc bien plus naturel, bien plus court d'établir d'abord le principe commun, de l'apprécier, de l'éclaircir par des observations simples, de l'appuyer sur des raisons solides, et de faire voir en même temps que la règle qu'on vient d'établir pour une langue, sert également pour une autre, en tout ou en partie.

Mais supposons qu'il n'y ait point d'analogie entre les principes des deux langues, comme il arrive assez souvent. Dans cette supposition, il ne sera pas moins avantageux de rapprocher ces principes, de les opposer les uns aux autres, et du choc de leur opposition faire rejaillir une lumière éclatante qui, en se répandant également sur les unes et sur les autres, en découvre toutes les propriétés. Les contraires s'éclaircissent toujours par les contraires, ce qui ne se fait pas si bien en éloignant les principes les uns des autres.

D'ailleurs l'avantage de la comparaison est perdu, et les tours différents des langues ne sont pas appréciés avec la justesse qu'il conviendroit pour les rendre et les faire recevoir sous toutes les nuances qui les distinguent. Que je dise, par exemple, que la Langue latine tire de ses déclinaisons et de ses cas une partie de sa beauté et de l'harmonie de ses tours; que j'ajoute que la Langue française n'ayant point de cas, ne peut avoir de déclinaisons; mais que ce que les Latins exprimoient par des cas, nous le rendons par le moyen de certaines prépositions; que j'observe que les prépositions que nous employons pour remplacer les cas des Latins sont tirées du latin même; mais qu'elles n'expriment pas toujours ce qu'elles signifioient dans la langue d'où elles nous sont venues; que j'entre ensuite dans des détails, et que je dise, par exemple, à mon élève : *a*, dans la langue latine, régit l'ablatif; dans la nôtre, il est employé pour exprimer quatre rapports différents : rapport d'attribution, ce qui se connoît facilement par la question *à qui, pour qui?* car la réponse à cette question amène toujours le cas d'attribution. Ainsi quand je dis : *je donne aux pauvres*, si je fais la question *je donne à qui?* on répondra *aux pauvres.* Voilà ce qu'on appelle cas d'attribution; rapport du lieu où l'on va, comme *je vais à la campagne;* rapport de la chose, de l'endroit, d'où un objet est tiré, ce qui se connoît par la question *d'où*, comme *nous demanderons à nos amis.* Ce n'est pas ici la question *à qui, pour qui?* Ce n'est pas pour nos amis que nous demandons; nous demandons, au contraire, que la chose vienne *de nos amis à nous;* enfin, rapport du lieu où l'on est, où l'on va, comme *je demeure à la ville, nous allons à la campagne de mon ami. De* marque toujours l'ablatif chez les Latins; mais, dans notre langue, il annonce tantôt le génitif, tantôt l'ablatif; le génitif, quand ce *de* est après un nom, pour marquer qu'une chose dépend de l'autre; et l'ablatif, quand il est après un verbe, où il indique toujours le lieu ou la personne d'où une chose est tirée. Que j'entre, dis-je, dans ces détails, que je les rende sensibles par de petites questions destinées à faire connoître les rapports des mots dans une proposition, ce moyen ne sera-t-il pas plus propre pour donner à mes élèves des idées claires, nettes et invariables, que si je les conduisois, pendant des mois entiers, au milieu d'une foule de déclinaisons françaises et de règles de constructions, toutes aussi ridicules qu'inutiles et sans fondement, pour

venir après leur en donner une autre idée dans une grammaire latine et particulière.

Mais sont-ce là les seuls avantages que nous espérons tirer
d'une grammaire française, faite sur le plan que nous indiquons aujourd'hui? Non; elle en doit avoir plusieurs autres, comme on en jugera par l'analyse suivante.

*Analyse d'une grammaire française, formée d'après les
principes et les vues que l'on vient d'indiquer.*

Les grammaires françaises que l'on met entre les mains
des jeunes gens, sont remplies de discussions métaphysiques,
de raisonnements déliés, d'une quantité de définitions abstraites, de principes disparates; de sorte que ces ouvrages
paroissent plutôt faits pour des hommes formés et capables
de discuter, que pour des enfants, des femmes, des étrangers, qui n'ont ni le temps, ni la volonté, ni souvent la
capacité de suivre cette multiplicité de recherches épineuses,
qu'on ne saisit qu'avec peine, et qui laissent après elles
beaucoup d'incertitudes. D'ailleurs ces ouvrages sont si
longs, que leur seul aspect effraye des commençants toujours aisés à rebuter; et si l'on en donne des abrégés, ils ne
contiennent que des définitions trop difficiles à saisir pour
être entendues des jeunes gens, et trop sèches pour attirer
leur attention.

Dans la grammaire que nous offrons aujourd'hui à notre
patrie, nous nous sommes attachés à un petit nombre de
principes sûrs, clairs, lumineux, féconds, d'où nous avons
tiré toutes les règles de raisonnement et d'usage propres à
développer la marche de notre langue, et à accoutumer l'esprit à remarquer, à réfléchir, à raisonner.

Par ce moyen, l'étude de notre langue peut non seulement devenir plus facile, plus claire et plus méthodique;
mais nous mettrons en évidence la perfection d'une langue
aussi belle qu'elle est universellement répandue, et nous
ferons revenir les étrangers de l'opinion où ils sont que la
langue française n'est pas aussi parfaite que les autres, qu'elle
va au hasard, au gré de l'usage régnant; et que nos usages
et nos goûts changeant à chaque instant, selon le caprice de
ce que l'on appelle bel esprit, notre langue n'a ni la consistance ni la solidité des autres; opinion qui est aussi fausse
qu'elle nous est injurieuse, et qu'ils prennent en lisant des
grammaires dont les principes sont trop arbitraires, trop

multipliés et souvent contradictoires ; au lieu que dans l'ouvrage dont il s'agit ici, ils verront que notre langue suit la
progression des idées ; qu'elle ne se développe que par des
moyens simples ; que les principes sur lesquels elle s'appuie
dans sa marche, découlent de ses principes généraux, et que
ceux-ci tiennent à toutes les langues, comme toutes les langues tiennent à la chaîne de nos idées ; que jamais notre
langue, ainsi que toutes les autres, ne s'écarte des principes
fondamentaux, que pour n'en pas contredire de plus essentiels ; en un mot, qu'elle peut rendre raison de toutes ses
variations, de tous ses changements, et faire voir qu'ils
reviennent au but commun du langage ; ce qui ajoute aux
avantages précédents celui de peindre les choses dans l'esprit, de lier les mots aux idées, les mots aux mots, de distinguer le fond de l'accessoire, de rapprocher les objets et
de nous montrer dans toute leur valeur ; avantage que ne nous
nous procurent pas avoir les grammaires que l'on met ordinairement entre les mains de ceux qui veulent apprendre
notre langue par principes.

Y a-t-il rien, par exemple, de plus difficile à saisir,
rien qui entraine après soi de plus grandes difficultés, qui
répande plus de nuages dans les opérations de notre esprit,
et sur le langage qui les rend, que les définitions et la nombreuse énumération des verbes, que l'on qualifie tantôt de
verbes substantif, tantôt de verbes adjectifs, tantôt de
verbes actifs, de verbes neutres, de verbes pronominaux,
de verbes réfléchis, de verbes, en un mot, qui prennent
différentes dénominations, selon les diverses noms qui les
accompagnent, ou comme sujet qui opère, ou comme
terme sur lequel l'action se porte ? N'est-il pas plus simple,
plus conforme à la nature de nos idées, à la forme de nos
jugements, plus analogue au génie des langues, de ne reconnoître que le seul verbe que la nature a destiné à marquer l'opération de l'esprit, qui rapproche et lie certaines
idées entr'elles, et qui, par-là même, devient le verbe
commun de toutes les langues ? Voilà précisément ce que
nous avons fait : et si nous reconnoissons deux autres espèces
de verbes, nous les ramenons à ce verbe primitif, et nous
les soumettons aux mêmes principes. En conséquence, nous
n'avons besoin que d'une seule et unique règle, pour cons-
tituer les verbes dans leur nature, et cette règle ne demande ni exception, ni glose, comme le terme pour lequel
elle est faite n'a qu'une seule et unique destination. **Nous**

disons donc que plusieurs mots joints ensemble, et faisant un sens clair, forment une proposition, et que le terme de cette proposition devant lequel on peut mettre *je, tu, il, nous, vous, ils*, est un verbe.

Ainsi dans cette phrase : *la terre est ronde*, le mot *est* forme le verbe, puisqu'on peut dire : *je suis, tu es, il est*. Il n'y a que ce seul verbe dans toutes les langues ; il est destiné à lier un substantif avec un adjectif, et à indiquer qu'ils sont ou qu'ils ne sont pas faits l'un pour l'autre.

Si l'on rencontre des verbes sous des formes différentes de celui-ci, il faut toujours les ramener à ce verbe primitif, quand on veut faire l'analyse d'une phrase ; par exemple, lorsqu'on dit : *Pierre aime, enseignoit, a lu, écoutera*, c'est comme si l'on disoit : *Pierre est aimant, étoit enseignant, a été lisant, sera écoutant*. Si en faisant sur ces verbes la question *quoi ?* il vient quelque chose en réponse à cette question, le verbe est actif ; s'il ne vient rien en réponse, le verbe est neutre. Exemples : *le soleil visite les deux mondes*, tournez, *le soleil est visitant les deux mondes*, et demandez, *le soleil est* visitant *quoi ?* la réponse sera, *les deux mondes* ; le verbe de cette proposition est donc actif ; au contraire, quand je fais la question *quoi* sur les verbes des phrases suivantes, *la justice règne, les juges sont assis, les enfants dorment*, il n'y a pas de réponse ; ce sont donc autant de verbes neutres.

Quand le participe passé est-il déclinable ou indéclinable ? Deux questions importantes sur lesquelles nos grammairiens se sont longuement disputés, et qui sont traitées dans leurs ouvrages avec trop de confusion et d'incertitude, pour ne pas rebuter touts ceux qui veulent les approfondir : c'est ce qui arrête les jeunes gens, qui fatigue les femmes et rebute les étrangers. Cependant qu'il auroit été aisé de porter la lumière parmi les ténèbres dont ils se sont enveloppés, s'ils eussent voulu s'en tenir à la vraie destination du participe ! Pour cela, il suffit de poser cette règle unique ; elle est claire et sans exception. Faites sur les participes la question *quoi ?* si ce qui vient en réponse à cette question précède le participe, il se décline, parce qu'il est alors regardé comme un adjectif ; si, au contraire, ce qui est répondu est après le participe, il reste indéclinable ; il est, dans cette position, regardé comme un verbe. Exemple : *nous avons étudié nos leçons ; les leçons que nous avons étudiées*. Demande. *Nous avons étudié quoi ?* Réponse. *Nos leçons.* Ces mots sont après *étudié* dans la première proposition, et devant dans la seconde ; voilà pourquoi on dit *étudié* dans la première et *étudiées* dans la seconde. *Pauvre Didon, où t'as réduite de tes maris le triste sort.* Demande. As réduit *quoi*? Réponse. *Didon.* Ce terme est devant le participe *réduit* ; il faut donc dire *Didon réduite.*

Y eut-il jamais rien de si difficile, de si abstrait, de si rebutant, même de si faux, que ce que l'on dit d'une foule de prétendus pronoms, qui ne sont la plupart que des adjectifs uniquement destinés à restreindre la signification des noms auxquels ils appartiennent? Au lieu qu'il suffit, nous semble-t-il, de dire qu'un pronom se met à la place d'un nom pour en éviter la répétition, et pour en signifier l'équivalent, et de donner ensuite des exemples où la répétition d'un nom seroit ennuyeuse et ridicule. Par-là on connoîtra parfaitement la nature et la destination d'un pronom, et on renverra au chapitre des articles tous les autres mots qu'on qualifie de pronoms, et qui sont de véritables articles. Au lieu qu'en suivant la méthode ordinaire, on compte une multiplicité de pronoms auxquels on donne différentes fonctions, des fonctions souvent opposées les unes aux autres, ce qui conduit à détruire les vraies idées du langage, à mettre de la confusion dans les choses et dans les têtes qui veulent les comprendre, et ce qui rend l'étude du langage beaucoup plus difficile, et oblige à revenir souvent sur ses pas, tantôt pour s'expliquer autrement qu'on vient de faire, tantôt pour opposer un principe à un autre principe.

Que de difficultés à vaincre pour apprendre toutes les parties constituantes d'une proposition, pour distinguer une proposition absolue d'une proposition conditionnelle et terminative ; pour établir la différence entre une proposition principale et une proposition incidente, pour connoître quand une proposition est simple ou composée? Connoissance absolument nécessaire à l'intelligence de la grammaire et à la clarté des principes qu'elle développe et qu'on prend le parti de renvoyer à la logique, à cause des difficultés qu'on trouve dans la manière de l'acquérir. Cependant nous parvenons, dans notre grammaire, à dissiper ces difficultés par deux petites questions, dont les réponses simples et faciles font connoître l'espèce de chaque proposition.

Quoi de plus difficile, de plus vague et de plus incertain que ce que l'on nous dit touchant les conjonctions! Pour nous, nous faisons deux classes de conjonctions ; les unes simples, les autres composées ; et nous disons que les conjonctions simples, celles qui ne font qu'un seul mot, comme *et*, *mais*, *car*, ne gouvernent rien ; tandis que les conjonctions composées gouvernent le subjonctif, parce qu'elles sont destinées à annoncer dépendance, bien entendu que l'on fait voir ce qui est conjonction et ce qui ne l'est pas. Par exemple, *lorsque*, *parce que*, *puisque*, se décomposent, et on trouve que la première partie est un nom, et la seconde un *que* relatif. *Lors* est un vieux substantif; on dit : *à lors*, *dès-lors*. *Parce que*, *par* est une préposition; *ce* ou *cela* est un adjectif article, *que* est *un adjectif* relatif; *puisque* équivaut à *de-puis que*, *pour-cela que*, *pour la chose pour laquelle*, etc. etc.

Il est facile de remarquer, par ce petit échantillon, combien une grammaire française, faite dans ce goût, est propre à abréger l'étude de notre langue, et à servir en même temps de guide pour étudier les langues étrangères. Il paroîtra, en même temps que ce plan, trois grammaires, dont la première traitera des principes généraux et particuliers de la langue française, pour servir dans les grandes écoles; l'autre sera un abrégé méthodique de la première, pour les écoles secondaires, et un abrégé du premier abrégé pour les écoles primaires.

Analyse de la nouvelle grammaire latine.

Dans toutes les langues, il y a trois choses à observer, les matériaux, le corps et l'ornement de l'édifice.

Premièrement, toutes les langues ont des mots qui leur sont propres, pour rendre les pensées de l'ame, pour désigner les objets et marquer les rapports qu'ils ont entr'eux.

Secondement point de langue qui n'adopte des tours particuliers, pour énoncer ses idées, marquer l'influence qu'elles ont sur les mots et la relation que les termes doivent découvrir dans le discours. Tantôt la nécessité d'éviter certains tours désagréables et choquants, tantôt le desir de donner à une expression plus de force et plus d'énergie; souvent la simple volonté de plaire à l'oreille, quelquefois même l'intérêt de la clarté, la construction de l'organe de la parole, l'impétuosité ou la lenteur de celui qui parle; tout cela a donné lieu à de fréquentes occasions de changer, en quelque sorte, la marche régulière et simple du langage : ici, on retranchoit des syllabes pour rendre le discours plus coulant; là, on changeoit des lettres pour adoucir la prononciation; ailleurs, on supprimoit des mots entiers pour rendre une pensée plus intéressante ou plus vive ; quelquefois, au contraire, et cependant pour les mêmes raisons, on ajoutoit des mots et des syllabes. Toutes ces phrases, auparavant conformes aux règles communes, ne paroissoient plus l'être après ces changements. Pour en rendre raison, on perdit de vue les motifs qui les avoient amenés ; on multiplia les règles, au lieu qu'il auroit fallu les simplifier et les ramener aux loix communes, en suppléant ce qui étoit sousentendu, ou en retranchant ce qui étoit superflu.

Troisièmement enfin, toutes les langues ont toujours été polies et ornées par des personnes de bon goût, et par des écrivains qui se sont distingués dans tous les âges et dans tous les pays.

Conséquemment la grammaire, qui est l'art de parler une langue, doit être de trois espèces, et c'est faute de les bien distinguer et de les traiter par les principes qui leur conviennent, qu'on a rendu nos méthodes latines si diffuses, si difficiles et si abstraites.

La première doit traiter des éléments du langage. Il faut donc qu'elle observe ce qu'il y a de plus simple ; savoir : les différentes espèces de mots qui entrent dans le discours, noms, pronoms, verbes, adverbes, conjonctions, et les règles qui mettent en concordance les mots qui en sont susceptibles. Afin de remplir ce premier objet, nous renvoyons à notre grammaire française, pour apprendre ce que c'est que nom, pronom, que verbe, adverbe et conjonction, en observant, pour les conjonctions latines, que celles qui, comme *ut*, se traduisent en français par une conjonction composée, comme *à fin que*, gouvernent le subjonctif. Pour les règles de la syntaxe, nous en établissons deux sur la concordance, trois sur le régime et six sur les cas ou chûtes dont chaque nom est susceptible dans la langue latine ; encore ces onze règles se réduisent-elles à sept questions qui, par les réponses qu'elles amènent, expliquent toutes les difficultés de la syntaxe latine.

La seconde sorte de grammaire regarde la connoissance de la propriété du langage : celle-ci ne se borne plus aux mots et à leur première liaison ; mais elle en étudie les tours et les caractères, elle cherche le rapport des exceptions avec les règles communes, elle remonte à l'origine et à la cause de ces variétés. Cette partie sera partagée en deux articles : le premier era employé à faire voir l'analogie des exceptions avec les règles communes, et à apprendre à tourner les phrases elliptiques des Français, de manière à les rendre dans le génie de la langue latine; le second contiendra quelques réflexions sur le caractère de cette dernière langue, ce qui suffira pour régler l'arrangement des mots dans le discours.

La troisième sorte de grammaire est la connoissance des auteurs; elle tend à former le goût et à donner à nos compositions les tours propres au langage dans lequel nous nous exerçons. La traduction littérale que nous voudrions introduire pour les commencements, jointe aux règles données dans l'article précédent, est le moyen que nous croyons le plus propre pour faire connoître à fond les auteurs, et conséquemment pour les imiter.

Tel est le plan de cette méthode latine; reste à en donner l'abrégé et à en faire voir la pratique. Elle suppose quatre cadres : dans le premier, sont les déclinaisons; dans le second, les conjugaisons des verbes actifs; dans le troisième, les conjugaisons des verbes passifs et déponents; et dans le dernier, sont les règles de la syntaxe.

Nous ne rapporterons ici que le modèle du carton où sont les règles de la syntaxe latine.

Carton contenant les règles de la syntaxe latine.

Iere. REGLE.
Qui est-ce qui ?
Cette question se fait sur le verbe à l'indicatif ou au subjonctif.

Infinitif, si c'est un verbe qui vienne en réponse à cette question.

Nominatif, si c'est un nom qui vienne en réponse à cette question.

Accusatif, si la question se fait sur les verbes *pœnitet*, *pudet*, *piget*, *miseret*.

IIe. REGLE.
De qui , de quoi ?
D'où ?

Génitif, si la question se fait sur un nom.

Ablatif, si la question se fait sur un verbe.

Si la chose vient d'un endroit, mettez devant l'ablatif, *e* ou *ex*, si c'est *de dedans*; *a* ou *ab*, si c'est devant un verbe, ou le nom d'une chose animée; *de* , si c'est touchant.

Le gérondif en *di* est le génitif des verbes, et le gérondif en *do* est leur ablatif.

IIIe. REGLE.
Quand,
comment ?
Combien,
de combien,
à combien?
Cette ques-
tion se fait sur
un verbe.

Ablatif sans préposition.
Toutes ces questions n'annoncent que
la manière et quelques circonstances de
lieu ou de temps.

IVe REGLE.
Quoi ?
Cette question
ne se fait que
sur un verbe.

Infinitif, si c'est un verbe qui réponde
à cette question.
Que retranché, si c'est un *que* après
un verbe.
Accusatif, si c'est un nom qui vienne
en réponse ;
Subjonctif, si c'est une conjonction
ou une particule ;
Datif, si la question se fait sur un
verbe neutre.

V^e. REGLE.
Où ?

Accusatif, avec *in*, si l'on y va ; on
met *ad*, si l'on ne va qu'auprès.
Ablatif, avec *in*, si l'on y est ; on met
apud devant le nom d'une chose animée.
A la question où et à la question d'où,
les noms propres de ville ne prennent
point de préposition, et même à la
question où l'on est, ceux qui ont le gé-
nitif en æ ou en i, se mettent au génitif.

VIe. REGLE.
A qui,
pour qui?

Datif, si la question *à qui* peut se
tourner par *pour qui?*
Ablatif, avec *a* ou *ab*, si cette question ne se peut tourner par *pour qui?*
Exemple : *Nous demandons à notre*
père. Ce n'est pas pour notre père, mais
que la chose vienne de lui à nous.

VIIe. REGLE.
Qui est-ce qui
est ?

Par-tout où vous trouverez un adjectif, faites la question *qui est-ce qui*
est ? sur ce nom, et faites-le accorder en
genre, en nombre et en cas, avec le substantif ou le verbe qui répondra à cette
question.

Pratique de la méthode latine.

Les premiers temps sont employés à apprendre quelques lignes d'une traduction mot à mot, à en décliner les noms et à en conjuguer les verbes, sans indiquer aucune remarque ni aucune exception sur les déclinaisons et les conjugaisons ; on ne les observera que lorsqu'il sera temps de passer à l'étude de la méthode. Cependant on expliquera, dans la grammaire française, ce que c'est qu'un nom, qu'un pronom, qu'un verbe, etc. Quand le maître verra que ses élèves distinguent assez bien toutes les parties d'une proposition, il leur mettra devant les yeux le carton où sera imprimé l'abrégé de la syntaxe, et leur dira : par proposition on entend *un assemblage de mots qui suffisent pour faire un sens clair et déterminé.* Telle est cette proposition : *Alexander vicit Darium paucis mensibus.* (Alexandre vainquit Darius en peu de mois.)

Il faut ensuite remarquer qu'une proposition peut être composée de cinq parties ; d'un nom, qui exprime le sujet de la proposition (*Alexander*) ; d'un verbe qui rende l'action faite par le sujet (*vicit*) ; d'un régime de verbe, qui indique le terme sur lequel se porte l'action (*Darium*) ; et d'un adverbe ou de quelques mots qui annoncent les circonstances de l'action, comme la manière, le temps et le lieu (*paucis mensibus*). On donnera ensuite une méthode courte, pour trouver facilement et sans discussion, toutes les parties qui composent une proposition. La voici. Elle est à la portée de la plus simple intelligence.

Un mot est un verbe, dira-t-on à ses élèves, quand on peut le faire précéder de *je, tu, il.* Par conséquent *a vaincu* est le verbe de la phrase en question, puisqu'on peut dire : *j'ai vaincu, tu as vaincu, il a vaincu.* C'est sur le verbe de la proposition que l'on fait toutes les questions, excepté celle du génitif qui se fait sur un substantif ; et s'il y a plusieurs verbes dans la phrase, les questions se font premièrement sur le verbe qui est à l'indicatif, ensuite sur celui qui est au subjonctif ; car l'infinitif des verbes ne fait dans la phrase que la fonction d'un nom. Ainsi autant il y a de verbes dans le discours, qui ne sont pas à l'infinitif, autant il y a de propositions. Ceci observé, on se demande *qui est-ce qui* sur le verbe *a vaincu.* La réponse sera *Alexandre.* Ce mot se mettra au nominatif, comme sujet de la proposition. On se demandera ensuite sur le même verbe *Alexandre a vaincu quoi ou qui?* La réponse sera *Darius* Ce nom se mettra à l'accusatif, parce qu'il est terme d'action (*Darium*). Enfin on demandera toujours sur le même verbe *a vaincu Darius*, quand, comment, en combien de temps? On répondra, *en peu de jours;* ablatif, *paucis diebus.*

Ce travail, comme l'on voit, n'est pas pénible ni pour l'écolier, ni pour le maître; il sera encore moins long; il n'est fait que pour apprendre ce que c'est qu'une proposition, et pour distinguer toutes les parties constituantes d'une phrase. Après ce léger appareil, les écoliers s'appliqueront entièrement à l'objet de leur classe, et remarqueront en passant ce qui fait la différence des propositions principales, de celles qui sont incidentes, ou conditionnelles, ou terminatives. On fait les mêmes questions sur les verbes de chaque espèce de proposition. La préface, qui sera à la tête de la méthode latine, donnera un plus grand détail sur cette pratique.

On joint ici la première fable de Phèdre, afin d'indiquer et de développer l'usage de notre méthode latine.

Fabula prima.
Fable première.

Lupus et agnus agunt hic.
Un loup et un agneau agissent ici.
Opprimere (hominem) innocentem est facile.
Opprimer l'homme innocent est facile.
Lupus et agnus, compulsi siti,
Un loup et un agneau, également pressés par la soif,
   venerant ad eumdem rivum;
   étoient venus au même ruisseau;
Lupus stabat superior :
Le loup se tenoit le plus haut :
Tunc latro, incitatus fauce improbâ,
Alors le voleur, excité par un gosier méchant,
   intulit causam jurgii.
   apporta une cause de querelle.
Cur, inquit, fecisti aquam turbulentam mihi
Pourquoi, dit-il, as-tu fait l'eau trouble à moi
   bibenti?
   buvant?

Laniger   timens   ait   contrà (hoc) :
Le porte laine craignant dit contre   cela :
Quî   pos-um, quæso , ô lupe ! facere (illud),
Comment puis-je , je prie , ô loup ! faire   cela ,
Quod   quæreris ?
Que tu déplores ?
Ille,   repulsus   ` viribus   veritatis,   ait :
Celui-là , repoussé par les forces de la verité , dit :
dixisti malè   mihi   antè hos sex   menses.
tu as dit mal pour moi avant ces six   mois,
Agnus   respondit,   non   eram natus.
L'Agneau répondit , je n'étois pas   né.
Herculè ,   tuus pater dixit   malè   mihi ;
Certes ,   ton   père   a dit   mal   pour moi ;
Atque   ità   lacerat,   injustâ '   nece,   agnum
Et   ainsi il déchire , par une injuste mort , l'agneau
correptum.
saisi.
Hæc fabula est scripta propter   illos (homines) qui ,
Cette fable est écrite à cause de ces hommes qui ,
causis   fictis, opprimunt (homines) innocentes.
par des causes feintes, oppriment les hommes innocents.

*Questions pour appliquer sur cette fable les règles de la
nouvelle méthode.*

D. A quel cas est le mot *fabula ?*

R. Il est au nominatif, parce qu'il sert de sujet au verbe
est, sous-entendu ; c'est comme s'il y avoit *hæc fabula est
prima.*

D. Comment connoissez-vous que *prima* est l'adjectif de
fabula ?

R. Parce que si, suivant la septième règle, je me demande qu'est-ce qui est *première ?* je répondrai *c'est la fable.*

Lupus et agnus sont les deux acteurs de la fable. Voilà
pourquoi ils doivent être au nominatif. Ils répondent à la
question *qui est-ce qui*, faite sur le verbe *agunt.* Il n'y a
point de nominatif sans un verbe exprimé ou sous-entendu.

D. Pourquoi *opprimere* est-il au présent de l'infinitif ?

R. Parce qu'il est le sujet de la proposition ; car si je demande *qui est-ce qui est* facile ? La réponse sera *d'opprimer.*

D. Pourquoi *facile* est-il au neutre et au nominatif ?

R. Parce que c'est un adjectif ; et si je me demande ,

(65)

suivant la septième règle, *qu'est-ce qui est facile ?* La réponse sera *d'opprimer. Opprimer* est donc le substantif de
facile. Or, on sait que les présents de l'infinitif sont des
substantifs neutres.

Lupus et agnus, siti compulsi, venerant ad eumdem rivum.
D. *Qui étoit venu ?*
R. *Un loup et un agneau.* Sujets de la préposition. Nomi-
natif.
D. *Qui est-ce qui étoient pressés ?*
R. *Le loup et l'agneau. Compulsi* est donc l'adjectif de
lupus et agnus.
D. Pressés *comment ?*
R. *Par la soif.* Nom de la manière. Ablatif.
D. Étoient venus *ou ?*
R. *Au même ruisseau.* A la question *où* l'on va, on met
l'accusatif, et l'on rend ici la préposition *à* par *ad,* parce
qu'on ne va qu'auprès. *Ad* signifie *auprès.*

Lupus stabat superior.
D. *Qui est-ce qui* se tenoit ?
R. *Le loup.* Nominatif.
D. *Qui est-ce qui étoit* supérieur ou plus haut ?
R. *Le loup. Superior* est donc l'adjectif de *lupus.*

Tunc latro incitatus fauce improba intulit causam jurgii.
D. *Qui est-ce qui* porta ?
R. *Le voleur.* Nominatif.
D. *Qui étoit* animé ?
R. *Le voleur. Incitatus* est donc l'adjectif de *latro.*
D. Animé *comment ?*
R. *Par un gosier méchant.* Ablatif.
D. Le voleur apporta *quoi ?*
R. *Une cause.* Accusatif. Terme d'action.
D. Une cause *de quoi ?*
R. *De querelle.* Au génitif *jurgii,* puisque la question
de quoi se fait sur un substantif.

Liquor decurrit à te ad meos haustus.
D. *Qu'est-ce qui découle ?*
R. *La liqueur.* Nominatif.
D. Découle *d'où ?*
R. *De toi.* Ablatif. Aussi *te* est-il à l'ablatif. *De, du,
des,* se rendent en latin par *a* ou *ab,* lorsqu'ils sont devant
un nom de chose animée.
D. Coule *où ?*
R. *Vers ma boisson.* On y va. Accusatif. (*Voyez plus haut.*)

11

Il n'y a plus que des répétitions des mêmes demandes.
1°. Qui est-ce *qui?* Nominatif. 2°. *Quoi?* Infinitif, si c'est
un verbe; accusatif, si c'est un nom. 3°. *Comment?* Ablatif. 4°. *De qui?* Sur un nom. Génitif. 5°. *De qui, de quoi,
d'où?* Sur un verbe. Ablatif.

On va chercher des difficultés dans les fables suivantes.

*Cùm Athenæ florerent legibus æquis, libertas procax
miscuit civitatem.*

En traduisant cette double proposition, je remarque que
florerent est au subjonctif, et je me rappelle que ma grammaire française et l'introduction à cette méthode me disent
de commencer par le verbe qui est à l'indicatif, parce que
c'est à lui seul à indiquer les cas que les noms de la phrase
doivent prendre, et les formes sous lesquelles les autres
verbes doivent y paroître. Je viens donc à *miscuit,* qui est
à l'indicatif, et je dis : *qui est-ce qui* mêla ?

R. *La liberté.* Nominatif, etc.

D. Mêla *quand ?*

R. *Lorsqu' Athénes florissoit.* Ablatif. Je puis donc dire :
Athenis florentibus, ou rendre cette proposition par le subjonctif, qui peut remplacer un ablatif, parce que le subjonctif et l'ablatif annoncent également une circonstance,
une manière, une dépendance d'un verbe a l'indicatif. Alors
je dirai : *cum Athenæ florerent.*

Canis putans aliam prædam ferri ab alio cane.

D. Pensoit *quoi ?*

R. *Qu'une autre proie étoit portée.* Ce *que* répond à la
question *quoi,* et est après un verbe ; il se retranchera donc ;
le nom qui le suit se mettra à l'accusatif, et son verbe à
l'infinitif.

On voit par tout ceci qu'en jettant les yeux sur la carte
des règles de la syntaxe, on peut rendre compte de toutes
les difficultés de la langue latine; et qu'en suivant cette
méthode, on connoît bientôt la nature de chaque proposition qui entre dans le discours. En casant ainsi touts les
mots, on soulage infiniment la mémoire, et on se fait un
esprit méthodique.

E

DE L'HISTOIRE EN GÉNÉRAL.

L'histoire est la science des faits mémorables dont la connoissance est utile aux hommes. De toutes les parties qui forment un cours d'instruction, l'histoire doit, sans contredit, être regardée comme la plus importante, la plus facile et la plus agréable.

Elle est la plus importante. Toutes les personnes de tout âge, de tout sexe, de toute religion et de tout état, y peuvent puiser les instructions les plus utiles. Non seulement le législateur y trouve le recueil des loix qui gouvernent les hommes; mais il peut encore y découvrir l'esprit qui les a fait naître, les biens qu'elles ont opérés et les maux qu'elles ont prévenus. L'homme d'état y puise les connoissances relatives à la gloire et à la tranquillité des empires: il étudie dans l'histoire les intérêts des républiques, leur politique, les causes qui ont élevé les unes, et qui ont préparé la chûte des autres. L'homme de guerre y reçoit les instructions nécessaires à sa profession, des exemples propres à enflammer son courage, et peut suppléer à l'expérience qui lui manque, par celle de touts les siècles et de toutes les nations. C'est de l'histoire que l'orateur tire toute sa force. Sans la connoissance des faits historiques, comment appuyera-t-il ses raisons sur les exemples, sur les usages et les mœurs de l'antiquité? Comment pourra-t-il rendre la vérité intéressante, tourner ses preuves en sentiments; s'il n'a parcouru touts les siècles, s'il n'a embrassé l'ordre, la suite et l'enchaînement des grandes affaires; s'il n'a observé l'origine et les progrès des sciences; s'il n'a fait une étude particulière des loix, des usages, des coutumes, des intérêts des hommes; s'il n'a connu, par les faits historiques, touts les ressorts propres à émouvoir et à gagner les cœurs? Le sage nourrit son ame des grands exemples qui lui sont offerts dans l'histoire. Le citoyen y voit les éloges prodigués aux vertus sociales; la vertu y trouve une partie de sa récompense dans la gloire dont la postérité couronne l'innocence qui languit dans l'oubli, et le vice y reçoit sa peine dans l'opprobre dont l'histoire le couvre. Les savant et l'artiste y suivent la marche du génie; ils y voyent ses efforts, ses découvertes et ses progrès, les richesses de la nature et les ressources de l'homme.

L'histoire est très - amusante et très - agréable par sa

variété ; elle raconte toujours des choses intéressantes et des faits capables de piquer la curiosité.

Elle est à la portée de tout le monde et facile à apprendre ; il ne faut que des yeux et un peu de méthode.

Ce seroit donc manquer à la partie la plus essentielle de l'éducation de la jeunesse, de lui laisser ignorer une chose qui coûte si peu à acquérir, et qui peut lui procurer tant de précieux avantages.

On distingue de deux sortes d'histoires : l'histoire naturelle et l'histoire des empires. Chaque espèce d'histoire demande des réflexions particulières.

De l'histoire naturelle et de la physique.

Rien n'est tout-à-la-fois ni plus agréable, ni plus facile, ni plus instructif que l'étude de l'histoire naturelle ; c'est une de celles qu'on peut proposer comme un délassement à des occupations moins amusantes ; elle ne demande qu'un peu d'attention et de mémoire : elle est cependant le fondement du commerce, de l'économie, de la medecine, et la source de touts les agrémens, qui flattent l'homme sensible et honnête.

Je ne parle ici que du brillant spectacle de la nature, que des faits éclatans qui surprennent notre imagination, que des choses qui tombent touts les jours sous nos sens, et dont nous sommes souvent obligés de faire usage dans le commerce journalier. La science qui en recherche les causes par les effets, et qui tend à comprendre l'artifice et le jeu des ressorts qui font mouvoir l'énorme machine de l'univers, n'entre point dans ce plan, où l'on ne s'occupe que des écoles secondaires. Viendra un temps où, par le secours des mathématiques, les jeunes gens pourront s'exercer, dans une école centrale, sur ces matières, s'ils en ont le loisir et la volonté, et si on les croit capables de passer dans ces universités.

On divisera l'histoire naturelle en trois règnes : le minéral, le végétal et l'animal. Dans chaque règne, on présentera, autant qu'on le pourra, la figure, avec une description des principales propriétés. On ne s'attachera qu'aux objets qui ont le plus de rapport avec nous, qui sont les plus nécessaires et les plus utiles ; les animaux domestiqués, ceux du pays, paroîtront les premiers ; on ne parlera des étrangers et des sauvages qu'autant qu'ils seront utiles et connus.

Dans les plantes, on préférera celles qui servent à nos aliments ou aux remèdes. Il en sera de même des fossiles, des
minéraux et des différentes substances que la terre renferme.
On nommera les auteurs célèbres à qui nous devons chaque
découverte, afin qu'en rendant hommage à leurs talents,
on inspire aux enfants la noble émulation d'imiter ceux qui
ont été utiles à leur patrie par des recherches et des découvertes précieuses. Telle est la méthode qu'on observera
dans le précis de l'histoire naturelle de Pline, dont on
traduira littéralement, en faveur de la langue latine, la
partie qui regarde les minéraux; et celle qui a pour objet
les animaux, en français suivi; et dans un abrégé méthodique de l'histoire naturelle de Buffon, qu'on rendra par
ce moyen, encore plus utile à la jeunesse.

Ce que nous disons ici pour l'histoire naturelle, nous le
disons aussi pour la physique. Nous savons que les enfants
ne sont pas en état de comprendre les raisonnements que
plusieurs points de la physique exigent, ni de découvrir
les routes secrettes que la nature suit pour faire agir les
causes de tant de merveilles qui frappent nos yeux. Aussi
n'est-ce pas cette partie qui est la plus utile; elle est très-
souvent de pure curiosité, et doit être réservée à ceux qui
ont un goût particulier pour ces recherches, et qui, ayant
passé par les écoles secondaires, peuvent y donner tout leur
temps dans une école centrale, sans nuire à des occupations
plus utiles. Ce n'est donc point de cette dernière physique
qu'il est ici question; c'est des faits les plus communs, les
plus sensibles de la nature, des faits les plus frappants et les
plus faciles à saisir.

Or, pour cette espéce de connoissance, il suffit d'être
curieux; et qui est-ce qui ne l'est pas? Il suffit d'avoir des
sens et de distinguer les objets, de voir les couleurs, de
consulter ce qui nous environne, de nous occuper de notre
conservation, de chercher ce qui peut nous être utile ou
nuisible, et de réfléchir sur ce qui nous affecte. Par conséquent il n'y a personne qui ne soit capable de s'appliquer à
cette étude; et ceci est dans l'ordre de la nature, qui a
voulu que tout ce qui nous est le plus utile, fût aussi le
plus facile à découvrir.

Ce n'est pas que nous voulions que la partie systématique
soit absolument inconnue aux jeunes gens. On peut, sans
les jetter tout à coup dans des difficultés épineuses, prendre
une route plus facile pour arriver au même but. On ne leur

mettra donc pas d'abord une sphère armillaire entre les mains, pour leur expliquer ensuite les systèmes du monde ; mais on se servira d'une pomme ou d'une orange ; ces objets peuvent être comparés avec la figure du monde. On fera observer que les petites inégalités qui sont sur cette pomme, sur cette orange, sont comparables aux montagnes et aux vallées, qui font le même effet par rapport à la terre, et qui n'empêchent pas qu'elle ne soit ronde. En exposant l'un de ces deux corps à la lumière d'une bougie, qu'on supposera être le soleil, on fera comprendre la cause des jours et des nuits, des crépuscules et du serein ; on rendra sensibles les éclipses du soleil et de la lune, ainsi que de ses différentes phases. En entourant cette pomme ou cette orange de cinq petits rubans, on verra facilement que celui qui est au centre est plus grand que les autres, et que ceux-ci diminuent de grandeur à proportion qu'ils sont éloignés de celui du milieu. Les rubans qui sont aux deux extrémités représentent les poles, celui du milieu représente l'équateur, et les deux autres, également éloignés de droite et de gauche de l'équateur, seront les deux tropiques. On aura par-là une méthode bien facile pour faire comprendre ce que c'est que longitude, latitude, méridien et climat. En élevant une des pointes de l'orange, on rend sensible l'inégalité des jours et des saisons, et les apparences des étoiles, et on concevra pourquoi nous voyons toute l'année quelques-uns des astres, et pourquoi nous n'en voyons d'autres qu'à des intervalles réglés. Cependant on fera la lecture de l'ingénieux et divertissant système sur la pluralité des mondes, par Fontenelle, après en avoir retranché les inutilités, ôté tout ce qu'il y a de suranné, et rapproché les raisonnements. On pourra, après ces préliminaires, montrer une sphère qui n'aura presque plus rien de nouveau, si on en ôte les colures qui sont d'ailleurs assez inutiles.

Rien ne seroit plus au-dessus de la portée des jeunes gens, que de leur proposer les fameuses questions qu'on agite en physique sur la divisibilité de la matière à l'infini, sur le vide, sur les définitions du mouvement, sur les parties constituantes des corps, sur le flux et reflux de la mer, et sur mille autres recherches qui ne sont guères plus éclaircies après plusieurs siècles, qu'au moment où l'on a commencé de les proposer ; mais on peut leur faire voir tout ce que l'air, l'eau et le feu font pour nous ; on peut même leur présenter les questions épineuses de la physique, sous un point de vue sensible. Les raisons métaphysiques qu'on apporte pour soutenir, par exemple, la divisibilité à l'infini, sont trop subtiles pour de jeunes gens ; ne peut-on pas leur faire comprendre facilement ce qui en est, en jettant un seul grain de vitriol dans 0,216 grains d'eau commune, un grain d'encens sur un brâsier ardent, une goutte d'eau sur un fer chaud, et en remarquant ce qui se passe chez un tireur d'or, toutes les lettres qu'une plumée d'encre fournit, et le volume de chaque lettre ?

On ne veut pas non plus leur démontrer toutes les ressources de la méchanique ; mais on peut mettre les machines devant leurs yeux, leur faire remarquer, dans un moulin, les effets sensibles du mouvement, du levier, des roues, des poulies, etc.

L'astronomie est trop relevée pour les élèves des premières classes ; on leur apprendra cependant sans peine les plus belles découvertes qu'on a faites dans cette sublime science ; et pour piquer leur curiosité, on commencera par leur dire que le soleil est un million de fois plus gros que la terre ; que la distance de la terre au soleil est de trente-trois millions de lieues et plus ; que les étoiles fixes sont autant d'espèces de soleil, des astres encore plus éloignés de nous que le soleil ; que leur nombre est infini ; qu'il y a des constellations où l'on en découvre plus de deux mille ; que la lune est plus petite que le soleil, qu'elle ne brille pas par elle-même, qu'elle est la planète la plus voisine de la terre, etc. Il est impossible que cette narration ne soit interrompue par plusieurs demandes auxquelles on satisfait en passant, et par touts ces moyens les difficultés s'applanissent comme d'elles-mêmes. Dès que les enfants trouvent quelques-uns de ces faits dans les livres qui tombent entre leurs mains, ils les saisissent avidement et les racontent à leurs petits amis : ce qui prouve évidemment que ces recherches plaisent beaucoup au jeunes gens, piquent leur curiosité, et qu'il n'y a rien qu'ils retiendront avec plus de facilité qu'une physique exécutée sur le plan que nous venons de former.

Au reste, pour apprendre l'histoire naturelle et la physique, on suivra la même méthode que pour apprendre l'histoire des peuples.

De l'histoire ancienne et moderne.

L'histoire est ou ancienne ou moderne. L'histoire ancienne

commence avec le monde, et finit l'an 476, à la destruction de l'empire romain en occident; la moderne commence à ce terme et s'étend jusqu'à nos jours.

L'histoire ancienne a trois divisions, temps ténébreux, temps fabuleux, temps historique. L'histoire latine de la mythologie de Jouvency, que nous faisons traduire pour le latin, prépare aux connoissances des premières divisions, en même temps qu'en apprenant le latin, elle nous donne quelques notions des fausses divinités du paganisme. Un corps complet d'histoire ancienne tirée de Justin, de Florus, de Tite-Live, de Tacite, de Suétone, de Salluste, de César, de Sextus-Aurelius, remplira la troisième division. Cet ouvrage aura deux parties : la première contiendra l'abrégé de l'histoire, et la seconde en donnera le texte et le développement : la première aura trois buts : 1°. d'instruire en peu de mots de l'objet de la classe, et sera rendue par mémoire, suivant la méthode que nous allons indiquer dans le paragraphe suivant; 2°. de former insensiblement à faire l'analyse des choses, instrument unique et moyen général pour faire les plus belles découvertes; 3°. de piquer la curiosité de ceux qui la liront, pour passer à la lecture de la seconde partie. Cette seconde partie elle-même servira de modèle pour le développement des pensées, et formera à rendre compte des choses que l'on sait. A ce corps latin d'histoire ancienne, destiné à la partie du latin, succédera une histoire moderne en français, dans le même goût, où, en indiquant avec rapidité les faits intéressants dans le monde moderne, et en traçant les caractères des princes et des peuples qui se sont le plus distingués, on s'étendra sur les nations qui nous intéressent le plus. Si une puissance n'a, dans une époque, que des événements communs, on n'en dira que deux mots. Comme l'histoire de l'Europe est celle qui nous intéresse le plus, on ne parlera des autres parties du monde, qu'autant qu'elles auront des relations avec nous, sur-tout dans les siècles éloignés du nôtre. Aux croisades, on commencera à entrer dans des détails plus circonstanciés, ce qui augmentera à mesure que les temps s'approcheront de nous; on en viendra à des détails très-étendus sous les règnes qui ont fait époque.

De la géographie et de la chronologie.

On a dit de la géographie et de la chronologie qu'elles

sont les deux yeux de l'histoire. En effet, on ne peut la
lire utilement sans connoître ces deux sciences. Sans géographie, on ne peut se peindre les lieux dont on parle, et
sans chronologie, on risque de confondre les temps. Quand
il est impossible de se représenter le lieu où se sont passé les
faits que l'on admire, et quand on est exposé à placer dans
un temps un événement qui a eu lieu dans un autre, on
doit regarder ses connoissances historiques comme bien imparfaites : elles sont obscures, déplacées, sans consistance,
sans liaison et sans rapports réciproques. D'ailleurs, la
guerre, la navigation ne peuvent se passer de la géographie ;
il faut donc que les jeunes gens apprennent de bonne heure
ces deux sciences, qui sont l'objet de la mémoire.

Pour l'un et pour l'autre, il suffit d'avoir des tables chronologiques, des cartes de géographie et un petit tableau
du globe. Les tables chronologiques seront à la fin de chaque volume d'histoire ; elles tiendront la place des tables
pour les titres et pour les chapitres. Les mêmes cartes et
tables seront gravées en gros caractères, sur les murs de la
classe d'histoire. Quand les écoliers auront lu attentivement
la leçon d'histoire, la vie de Clovis, par exemple, ils cher-
cheront dans la table l'époque qui répondra à cette lecture ;
ensuite ils jetteront les yeux sur les petites notes, et étymo-
logies qui seront à toutes les marges de chaque page, qui
contiendront l'abrégé de la narration, et qui serviront
comme de point d'appui sur lesquels ils s'exerceront et se
questionneront, afin de voir s'ils sont en état de raconter
le fait dont ces notes sont le précis et excitent l'idée. Si,
après quelques essais, le jugement ne fournit pas assez pour
entrer dans les détails nécessaires à la narration, si l'écolier
omet des circonstances, s'il ne raconte pas avec grace, s'il
pèche contre sa langue, s'il hésite, le maître reprendra
l'histoire, remettra son écolier sur les voies par quelques
remarques, par des questions propres à lui rappeler les faits.

On prendra les mêmes moyens pour apprendre la géographie que la chronologie. Chaque écolier aura devant les
yeux un petit atlas, composé d'une mappemonde, des quatre cartes générales, et de quelques cartes particulières,
sur-tout celle de la France ; les cartes ainsi disposées, on les
supposera partagées en trois bandes parallèles, l'une au
nord, l'autre au midi, et la troisième au milieu ; ensuite
on lira attentivement la page de la géographie qui traite de
la partie du nord ; enfin il entreprendra de voyager dans les

lieux dont il est question, en suivant, sur sa carte la route que sa géographie vient de lui tracer, et reviendra consulter son livre toutes les fois qu'il sera embarrassé dans son voyage. Il répétera sa marche deux ou trois fois, et il retiendra mieux sa leçon que s'il l'avoit apprise par cœur.

Pour faire ces voyages, il faut commencer par les premières divisions, et ne pas aller plus loin. Par exemple, s'il est question de l'Europe, on commencera par lire dans sa géographie : *l'Europe se divise en douze parties, dans trois bandes parallèles, dont quatre au nord, quatre au midi et quatre au milieu. Les quatre du nord sont : l'Angleterre, le Dannemarck, la Suède et la Russie ; les quatre du milieu sont : la France, l'Allemagne, la Pologne et la Prusse ; les quatre du midi sont : le Portugal, l'Espagne, l'Italie et la Turquie d'Europe.* Ensuite on parcourra la partie de la carte qui représente ces lieux ; on en remarque la position et la situation respective.

Pour la seconde leçon, on prendra la première partie de la première division, ainsi de suite. Ce second dépouillement fait, l'on fait marcher l'étude de la géographie avec celle de l'histoire et de la chronologie. Quand on fera l'histoire d'un pays, ce sera le temps de faire le dépouillement de cette contrée, et d'en épuiser les dernières sous-divisions : pour cela, on remarquera le lieu de la naissance du héros de l'histoire, l'endroit d'où il est parti, les lieux où il s'est arrêté, le fruit de ses conquêtes. L'histoire instruira de la forme du gouvernement, des révolutions, des mœurs de chaque peuple ; tandis que le maître fera remarquer à ses élèves, sur la carte, la source des principales rivières, leur cours, leur embouchure, les mers, les lacs, les golfes, les isthmes, les montagnes, les caps, les îles, les presqu'îles, les ports ; la leçon sera répétée par un des premiers de la classe, qui proposera à d'autres le même voyage, et leur fera les mêmes observations. Cependant touts les écoliers auront les yeux fixés sur leur carte, et se disposeront à répondre à leur tour et à proposer le même voyage par différentes routes. Cette manière d'apprendre l'histoire est la moins longue, la plus amusante et la plus fructueuse : l'esprit et la mémoire agissent de concert. On apprend en même temps la géographie et la chronologie, qui servent elles-mêmes à faire retenir les faits historiques, tandis que l'histoire, à son tour, contribue à rendre l'étude de ces deux sciences agréable et facile.

Par cette méthode, il n'y a point d'écolier qui ne puisse rendre compte de six pages d'histoire par classe, puisqu'il ne s'agit que de raconter nettement ce qu'on a lu, en plus ou moins de paroles, selon sa portée, mais toujours avec assez de méditation pour être en état de le faire ; ce qui a plusieurs avantages considérables. 1°. On retient mieux les choses qu'on apprend par jugement et par l'effet de la méditation ; 2°. on se forme de bonne heure à rendre compte des choses que l'on sait ; 3°. on peut parcourir en un an le cours d'histoire le plus complet ; 4°. si ceci se fait exactement, les études suivantes ne coûteront presque rien : on aura appris à se faire un esprit d'analyse et de développement. Et qui ne sait combien cette méthode influe sur une bonne logique ! On se sera formé à examiner les choses de près ; c'est la meilleure règle que la philosophie nous prescrive pour découvrir la vérité ; on saura raconter avec grace, ce qui est le fruit le plus précieux d'une bonne rhétorique.

Nécessité de faire entrer l'étude des arts dans un plan d'instruction.

Les mœurs et les arts suffisent pour rendre un état heureux et florissant : sans mœurs et sans arts, nulle société ne peut subsister. Par conséquent un des plus grands vices de l'ancienne instruction, c'est qu'il n'y étoit pas même question des arts. C'est à cette négligence, à cet oubli qu'on doit attribuer la lenteur avec laquelle les arts se perfectionnent, le peu d'industrie que l'on remarque parmi le plus grand nombre des ouvriers, et l'avilissement où ont vécu jusques maintenant les artisans et les artistes, qui rendent cependant à la société les services les plus importants. C'est aussi pour cela qu'il a fallu que nous dussions au hasard nos plus belles découvertes, et que tant d'heureuses inventions dont jouissoient nos ancêtres sont rentrées dans le néant.

Il étoit sans doute réservé à notre dernière révolution, de rendre aux arts le crédit qu'ils méritent, et une des premières places dans l'éducation de notre jeunesse. Pour cela, il nous faut des livres élémentaires sur les arts, et nous n'en avons aucun, que je sache ; nous n'en avons pas même sur l'histoire naturelle. A la vérité, on ne peut rien desirer de mieux que celle du citoyen Millin, pour la méthode et la classification ; mais il y a trop de termes grecs, et il ne dit presque rien de la propriété des choses dont il parle et de la manière de les entretenir et de se les rendre utiles. Nous croyons qu'un précis de l'histoire naturelle de Pluche, de Buffon et de Valmont, seroit plus à la portée des jeunes gens et leur seroit plus utile. On joindroit à ce livre un petit abrégé des arts.

De la philosophie.

Le mot *philosophie* signifie *amour de la sagesse*. Ce terme, quand à la signification que l'usage y a attaché, dénote un amas de connoissances acquises par la voie du raisonnement.

L'objet de la philosophie est la nature entière, autant qu'on peut la connoître par les lumières de la raison ; le ciel, la terre, tout ce qui est animé, comme tout ce qui ne l'est point, sont l'objet des recherches du philosophe. Pour réussir, il n'a que deux moyens à employer, ou combiner des idées ou examiner des faits. Les faits tombent sous les sens, on les voit, on en entend parler ; il n'en est pas ainsi de nos idées ; elles se forment au-dedans de nous, et nos sens n'ont point de prise sur elles. Les histoires de toutes espèces, dont l'étude doit précéder celle de la philosophie, sont le plus grand répertoire des faits ; et la manière dont nous pensons qu'il faut étudier, jusqu'au moment de s'appliquer aux connoissances philosophiques, sont les moyens les plus efficaces pour nous diriger dans la combinaison de nos idées ; cependant comme cet objet est le plus important de tous, on le traitera sous touts ses rapports. Pour cela, on divisera la connoissance de la philosophie en deux branches : l'une sera destinée à considérer les objets qui frappent nos sens, à développer la nature, les propriétés et les effets des corps ; nous appellerons cette partie *physique ou science des corps* ; l'autre donnera les règles propres à diriger notre esprit dans ses opérations sur la recherche de la vérité, et nous la nommerons *métaphysique*.

Nous avons déjà donné le plan de la physique, dans l'article qui traite de l'histoire naturelle et de la physique ; il ne reste plus qu'à donner celui de la métaphysique.

Toutes les connoissances humaines tendent à enrichir la mémoire de l'homme, à étendre le cercle de ses idées et à orner son langage ; et la métaphysique a pour but de lui donner des moyens pour juger de touts ces objets, pour apprécier ses idées et les combiner avec art. Mais comme l'esprit n'a d'autre objet que ses propres idées et ne voit rien au-delà, il est vrai de dire que ce n'est que sur nos idées que roulent toutes nos connoissances, et que par-tout où elles manquent, il est impossible, quoique nous puissions faire, d'avancer d'un pas vers la découverte du vrai. Conséquemment la métaphysique doit être regardée comme la clef de toutes les autres sciences et la plus importante de toutes.

Trois choses éloignent assez communément de l'étude de la métaphysique ; 1°. la multiplicité excessive des règles qu'on y donne pour y faire des syllogisme ; 2°. l'examen de plusieurs questions arbitraires, difficiles, qui ne conduisent à rien ; 3°. les expressions dures et scientifiques qu'on affecte d'y employer.

1°. La multiplicité des préceptes fatigue toujours l'esprit, et devient souvent inutile, nuisible même à la découverte de la vérité ; c'est pourquoi nous ne donnerons dans notre logique que quelques règles sur les idées et sur les mots qui doivent les rendre, ce qui suffira pour guider notre esprit dans la recherche de la vérité ; ensuite nous déterminerons quelle est la nature des objets sur lesquels notre esprit peut se porter dans ses opérations. Nous les réduirons en cinq classes différentes : à celle de sentiment intérieur, à celle de principes, à celle de conséquence ou de raisonnement, à celle d'autorité, à celle des sens, à celle d'analogie.

2°. Nous ne nous arrêterons pas à traiter les matières épineuses, qui ne sont d'aucune utilité, et qui ne deviennent pas plus claires après qu'on a épuisé toutes les systêmes imaginés pour les développer. La vie de l'homme est trop courte, le temps est trop précieux, le nombre des connoissances utiles trop grand pour que nous voulions épuiser les forces de nos élèves sur des matières indéfinissables.

3°. La logique a ses termes particuliers, comme les autres sciences ont les leurs ; mais nous ne les employerons qu'après en avoir donné l'étymologie, et en avoir fait connoître la signification par une définition claire et exacte. Quant aux définitions obscures que les philosophes affectoient autrefois d'employer, afin de donner à leur science plus d'importance et de considération, bien loin de les adopter, nous les rejetterons avec la plus grande sévérité. Quand le mot propre en dit plus, ou du moins autant qu'un autre, il doit être préféré : ici, encore plus qu'ailleurs, il faut se souvenir qu'on ne parle que pour se faire entendre, et qu'on doit choisir par préférence les termes qui sont les plus clairs et les plus à la portée de ses auditeurs.

De la morale.

La logique a pour but de former l'esprit, de prévenir et de corriger les erreurs ; la morale a pour objet de former le cœur en combattant les vices : la logique combat les fausses opinions, et les vices sont fondés sur les erreurs. Il y a donc beaucoup d'analogie entre la logique et la morale.

La vocation des enfants est le bonheur ; c'est là où doivent tendre toutes leurs pensées, touts leurs divertissements, leurs repas, leur sommeil, en un mot, tout ce qu'ils font et tout ce qu'on fait pour eux. Mais le bonheur de l'homme consiste dans la perfection de son être et dans les jouissances que cette perfection lui procure. On ne sauroit donc mettre trop tôt entre les mains des jeunes gens un corps de maximes propres à leur inspirer le goût des vertus destinées à faire leur bonheur et celui de leurs semblables.

Nous n'avons rien trouvé qui fût plus capable de remplir ce grand objet, que de mettre entre les mains des enfants un petit recueil de maximes de morale, extraites des auteurs payens. Pour cela il nous a presque suffi de traduire quelques passages d'un livre précieux, intitulé : *Selectæ è profanis historiæ*. Par-là, ce livre réduit à environ deux cents pages, et uniquement destiné à l'étude d'une langue morte, deviendra un livre élémentaire pour les enfants des deux sexes, sera répandu autant qu'il mérite de l'être ; il n'y a aucune famille où il ne doive se trouver. Nous ne devons pas être moins curieux de connoître nos devoirs que nos droits, et rien n'est plus propre que ce petit ouvrage, pour apprendre à chaque citoyen ce qu'il doit à sa dignité d'homme et à celle de citoyen.

Cette première morale sera suivie d'une autre, où les matières seront plus approfondies, où l'on examinera quels sont les besoins de l'homme, ses penchants, ses facultés, et ce qu'il doit faire pour que ces divers moyens le conduisent au vrai bonheur.

De la littérature et de la rhétorique.

Pour bien dire, il faut avoir bien pensé ; d'où il résulte

que la logique doit précéder la rhétorique, dans un cours méthodique d'instruction : il a fallu apprendre à construire avant de chercher à embellir.

Toutes les sciences se tiennent l'une à l'autre, et il est des principes généraux qui les rapprochent. Dans un cours de littérature, on ne doit avoir pour objet que d'ouvrir la porte de leur sanctuaire à ceux qui desirent de se familiariser avec elles, d'indiquer les routes et de guider la marche du génie et du talent.

Peu de préceptes, beaucoup d'exemples, variété de lecture, de sujet et de travail. Ces maximes des anciens, qui nous ont été transmises par les Cicéron et les Quintilien, et depuis par les Rollin et les Porée, seront constamment la règle qu'on doit suivre dans la classe de littérature.

Nous nous contenterons donc de faire connoître aux jeunes gens les règles générales, que l'étude de la nature et la marche graduelle de nos connoissances nous ont prescrites pour embellir nos ouvrages ; après quoi nous leur dirons que la plus essentielle de toutes, est de commencer par sonder son talent, et de ne l'appliquer qu'à l'objet particulier de littérature dans lequel on croit pouvoir réussir.

Nous prendrons sur-tout pour règle de ne faire jamais travailler les jeunes gens sur un sujet quelconque, sans nous être bien assurés préalablement qu'ils l'ont envisagé sous toutes les faces ; autrement ce seroit les faire aller sans objet, les accoutumer à parler sans idées, à s'exprimer par des lieux communs, et à employer beaucoup de paroles pour dire peu de choses, ce qui leur gâteroit l'esprit et leur perdroit le goût.

Nous emploierons l'étude des préceptes, la lecture des pièces d'éloquence et la composition. Les préceptes dirigeront le goût ; la lecture des bons auteurs le perfectionnera, élevera l'esprit, remplira la mémoire de pensées, de tours et d'expressions ; et la composition leur procurera la facilité d'écrire et d'imiter les bons auteurs, en faisant usage de la connoissance des règles propres à chaque ouvrage. La manière noble, naturelle, judicieuse avec laquelle les écrivains choisis s'expriment, imprimera dans l'esprit des lecteurs le vrai caractère que les pensées et les expressions doivent avoir ; tout ce qu'ils feront dans la suite se sentira du bon goût qu'ils auront puisé dans ces sources fécondes, et la vérité piquante qu'ils auront trouvée dans les lectures, remplira leur esprit de lumières toujours pures, et leur cœur de l'amour pour la vérité et pour le travail.

D'abord, on expliquera l'orateur de Cicéron, la rhétorique de Quintilien, quelques pages du nouveau cours de littérature et quelqu'orateur français. On prendra ensuite une pièce d'éloquence : le maître en fera l'analyse ; l'examen de l'exorde sera l'objet de la classe suivante. On remarquera, dans cette partie, le choix et l'ordre des idées, la beauté des expressions, des tours, des figures, les convenances du style, en un mot tout ce qui fait le mérite d'un ouvrage d'esprit. Quand on aura vu toute la pièce, on reviendra sur le plan ; chaque écolier rapportera, par écrit, l'analyse de l'ouvrage, l'ordre et l'abrégé des preuves ; la classe suivante, chacun rapportera de même les observations qu'il aura faites sur ces expressions, le style et les tours ; ensuite le maître dictera un plan d'un petit discours analogue à celui qui a fait l'objet de l'examen précédent ; chaque jour les écoliers en rempliront une partie ; et au bout de la composition de tout l'ouvrage, celui qui aura le mieux réussi sera chargé d'apprendre ce qu'il aura fait, et de le débiter ensuite en public, afin de se former à l'action qui dépend plus de l'exercice et du sentiment que des préceptes. Par ce moyen, on aura le temps de voir les plus beaux discours de Cicéron, les lettres de Pline le jeune, les harangues des meilleurs auteurs dans toutes les langues, les oraisons funèbres de Bossuet, de Fléchier, quelques causes de nos plus célèbres avocats, et quelques pièces de nos meilleurs poètes.

Quand on lira les orateurs, on apprendra, dans le nouveau cours de littérature, ce qui regarde les orateurs ; quand on expliquera les poètes, on y verra ce qui regarde les poètes, et ainsi du reste.

Or, ce cours de littérature sera un recueil de règles pour lire avec fruit les bons auteurs, soit historiens, soit orateurs, soit poètes, pour diriger celui qui traduit un livre d'une langue à une autre, et pour guider un homme qui compose en touts genres de littérature.

Des mathématiques et de la science des loix.

Les mathématiques et les loix sont des sciences très-nécessaires, sans doute ; mais elles sont plus propres à certains états qu'à d'autres. Nous laisserons donc ces connoissances pour être enseignées à ceux qui sont décidés à prendre un genre de vie auquel elles conviennent, et par conséquent après le cours des études ordinaires dans une école centrale. Cependant il faut avoir une teinture de ces sciences dans tous les états. Les mathématiques, sur-tout le calcul et la géométrie, sont une espèce de science universelle, parce qu'elles renferment les principes de toutes les autres ; c'est pour cela que nous en donnerons une teinture graduelle dans chaque classe, tandis que nous aurons un petit code de droit pour la première éducation et pour les écoles de campagne.

Article III.

Tableau des exercices de chaque année des écoles secondaires, et des sciences qu'on doit y enseigner, suivant les méthodes indiquées dans les articles précédents.

1°. Il n'y aura que cinq classes pour l'enseignement de ce premier cours d'études.

2°. Toutes les classes dureront autant les unes que les autres ; par-là on mettra plus d'uniformité dans l'enseignement. Les grands et les petits ont besoin de bien employer leur temps ; la seule différence qui doit exister entr'eux, consiste à mettre les matières au niveau de chacun, et à répandre beaucoup d'agrément et de variété dans les choses qu'on enseignera aux plus jeunes. La multiplicité des congés est très-préjudiciable au bon ordre des colléges et des pensions, et nuit beaucoup au progrès des sciences. Il suffira d'avoir un seul congé par décade ; et à la fin de l'année, les vacances ne pourront être que d'un mois et demi.

3°. On mêlera, dans chaque classe, l'agréable à l'utile ; on expliquera pour cela les genres de poésies qui auront du rapport aux sciences qu'on y enseignera.

4°. Afin d'épargner, dans ce cours, les frais d'un maître pour le latin, et par conséquent d'y avoir une classe de moins, on expliquera dans chaque classe, pendant une demie-heure, les auteurs latins qui auront rapport à l'objet de la classe, et qui seront présentés selon la méthode que nous avons prescrite à l'article du latin.

5°. Chaque écolier sera tenu d'avoir un petit traité des devoirs d'un écolier, et des principes de morale, appuyés sur les affections de la conscience, sur les lumières de la raison et sur les fruits de l'expérience. On ne dit rien ici
de

de la constitution française, parce qu'on doit l'enseigner et l'apprendre par cœur dans les écoles primaires.

PREMIÈRE CLASSE.

Des éléments.

Pour le français. Éléments les plus simples de la morale, abrégé des arts, la partie de la grammaire française qui traite des mots pris séparément, et la méthode pour écrire avant d'apprendre à lire.

Pour le latin. Le tableau des déclinaisons, des conjugaisons et des sept règles de la syntaxe, les fables de Phèdre, l'*Appendix de diis*, et le premier livre du *Selectæ é profanis*. Ces trois livres traduits mot-à-mot.

Pour les mathématiques. A commencer du milieu de cette année, on terminera chaque séance par donner quelques leçons sur les trois premières règles d'arithmétique, de façon qu'à la fin de l'année on ait le temps d'ajouter aux opérations en chiffres, qui doivent être simples pour cette première classe, les signes et les lettres de l'algèbre.

SECONDE CLASSE.

De l'histoire naturelle et de la physique.

Pour le français. Cours d'histoire naturelle, suite de l'abrégé des arts, physique élémentaire, la seconde partie de la grammaire française, qui traite des mots pris ensemble dans une proposition, et un petit recueil français d'exemples propres à inspirer le goût des vertus sociales.

Pour le latin. Abrégé de l'histoire naturelle par Pline, précis de ce que les Latins nous ont laissé de mieux sur les arts, les Pastorales de Virgile, le premier, le second et le quatrième livre des Géorgiques du même poète, et un petit recueil latin d'exemples propres à inspirer le goût des vertus sociales.

Pour les mathématiques. On finira chaque classe par une leçon sur la quatrième règle de l'arithmétique, sur les décimales et sur les proportions.

F

TROISIÈME CLASSE.

De l'histoire ancienne et moderne.

Pour le français. Abrégé de l'histoire moderne ; tableau du globe, troisième partie de la grammaire française, qui traite de la forme sous laquelle les mots doivent paroître dans le discours, traité de l'homme considéré individuellement et en société, abrégé des mœurs et coutumes des peuples par Massuet.

Pour le latin. Un cours complet d'histoire ancienne, tiré des meilleurs auteurs latins, l'Enéide de Virgile, les trois derniers livres du *Selectæ è profanis historiæ*, et quelques métamorphoses d'Ovide, avec les distiques de Caton et les sentences de P. Sirius.

Pour les mathématiques. On finira chaque séance, en portant l'algèbre jusqu'aux équations simples.

QUATRIÈME CLASSE.

De la philosophie.

Dans cette classe, la logique prendra la place de la grammaire française, qui en doit être l'introduction quand elle est bien faite.

Pour le français. Une logique formée sur la méthode que nous avons indiquée plus haut, le poëme de Dullard, sur la grandeur de Dieu.

Pour le latin. Un recueil des ouvrages philosophiques de Cicéron et de Sénèque, les odes d'Horace, et les plus belles satyres de Perse, de Juvénal et d'Horace.

Pour les mathématiques. On initiera les jeunes gens aux premiers éléments de la géométrie, en se bornant à la seule recherche des propriétés des lignes, des figures et des solides les plus simples.

CINQUIÈME CLASSE.

De la littérature et de la rhétorique.

Pour le français. Un cours de littérature tel que nous l'avons prescrit à l'article rhétorique, un volume composé des meilleures pièces des orateurs français qui se sont distingués en touts genres, et quelques ouvrages choisis de nos poètes les plus estimés, l'art poétique de Boileau, pensées choisies des anciens et des modernes, par Bouhours, la religion, poëme de Racine, essai sur le beau, par d'André.

Pour le latin. Un livre composé des rhétoriques abrégées de Cicéron et de Quintilien, l'art poétique d'Horace, quelques comédies de Térence, les meilleurs plaidoyers de Cicéron, avec une collection des harangues les plus estimées des anciens.

Pour les mathématiques. On continuera les éléments de géométrie, en finissant par la trigonométrie rectiligne. Il faudra toujours joindre la pratique aux règles.

SECONDE PARTIE.

Des sciences qu'on doit enseigner après le cours des écoles secondaires.

Les classes communes étant finies, et l'esprit s'étant essayé sur touts les genres, il faut choisir et se tourner vers un seul objet, afin d'être plus en état de le bien connoître, de l'approfondir et de mieux remplir l'état pour lequel on se destine, puisque c'est celui dans lequel nous devons vivre, nous distinguer, travailler pour notre avantage particulier et le bien de la patrie. Il faut un état à tout être sociable, et celui qui ne travaille pas ne mérite point de vivre.

Les cinq ans d'études finis, après s'être examinés sur les ressources de leur esprit, sur leurs talents et sur leur vocation, les jeunes gens se présenteront à l'examen du jury pour passer à une école centrale; et si, après cet examen, on ne les trouve pas propres pour un genre de vie qui demande des sciences, on les rendra à l'agriculture, aux métiers, aux arts, au commerce. Après le premier cours d'études, il est encore temps d'embrasser l'état pour lequel on se sent du goût et des talents, et de s'y perfectionner; si, au contraire, on trouve que ces sujets aient les talents requis pour se faire honneur dans la place qu'ils demandent, on les enverra dans la commune où sera formé le collège des sciences destinées uniquement aux talents prononcés et reconnus, et à ceux qui peuvent se distinguer par leur science.

Si c'est pour soutenir les droits de la société et des particuliers qu'un jeune homme se destine, il aura le temps de faire une étude profonde des loix, de la jurisprudence, des mœurs, des coutumes, et d'acquérir les connoissances nécessaires pour se distinguer dans le talent de la parole.

L'homme de guerre aura le loisir d'apprendre les mathématiques, les démonstrations sur les fortifications des places, sur l'attaque et la défense des villes, l'art des campements, les ruses et les stratagèmes de guerre, les explications théoriques sur la tactique, ou évolutions et manœuvres militaires. On sait combien il est essentiel, pour se distinguer dans cet art célèbre, de connoître et d'approfondir toutes ces choses : ce n'est que par-là que se forment les bons guerriers, et que les états parviennent au comble de la gloire.

En un mot, c'est là que seront réunis des maîtres excellents en touts genres : l'un sera uniquement pour les mathématiques ; l'autre enseignera les principes du droit naturel et civil, de la morale universelle et de la politique ; un autre sera destiné à traiter tout ce qui regarde le commerce et l'économie rurale ; un quatrième enseignera la médecine ; un cinquième la chimie ; un sixième le dessin ; un autre la musique ; un autre la peinture ; un autre la sculpture ; un autre les langues étrangères ; d'autres enfin autre chose, selon le besoin de la contrée où se trouve le collége. Ces grandes écoles ne devroient être qu'au nombre de cinq : une à Paris et une à chaque point cardinal de la France.

TROISIÈME PARTIE.

Des écoles primaires ou des petites écoles, tant des campagnes que des villes, et de l'éducation des filles.

Jusqu'ici nous nous sommes occupés des grandes écoles ; mais les petites écoles méritent toute l'attention d'un bon gouvernement, parce que les écoles primaires disposent à réussir dans les écoles supérieures, et que si l'on ne s'occupoit pas des enfants des villages et des filles des villages et des villes, ce seroit abandonner plus des trois quarts des enfants, et priver l'état des plus grandes ressources.

Des choses que l'on doit enseigner dans les écoles primaires.

Sans cultivateurs, sans artisans, sans soldats il n'y a plus d'état ; ce sont les membres qui agissent pour nourrir, vêtir et défendre le corps entier ; et c'est de la campagne que la patrie tire ces hommes précieux. Les paysans se trouvent naturellement destinés à ces fonctions aussi honorables qu'elles sont pénibles. Les dégoûter de leur condition, ou chercher les moyens de les en faire sortir, ce seroit agir contre leurs intérêts et vouloir détruire la société ; mais si, par le moyen d'une éducation éclairée, on parvenoit à leur donner plus de capacité et d'aptitude pour les opérations auxquelles ils sont assujettis, leur sort en seroit plus heureux ; si on leur apprenoit le moyen de rendre leur travail plus fructueux, leur aisance reflueroit sur la patrie ; et si l'on parvenoit à régler leur cœur, leur société en seroit plus douce et plus sûre. Pour y réussir, il suffit de les éclairer sur leurs devoirs, de leur donner des lumières pour les guider dans leur opération, de stimuler et de seconder leurs talents, pour leur faire aimer une vie laborieuse, et porter leurs travaux au point de perfection dont ils sont susceptibles. On a tant écrit sur la population qui nous donne des bras, et l'on n'a rien dit jusqu'ici des vrais moyens pour mettre ces bras en mouvement et pour les diriger vers le plus grand bien. Cependant la population charge plutôt l'état qu'elle ne le soulage. Le travail méthodique et les opérations bien dirigées sont les seules choses qui l'enrichissent, et ces avantages sont le fruit de l'éducation.

C'est sur-tout dans la saison de l'hiver qu'on pourra montrer aux jeunes gens des campagnes tout ce qui leur convient de savoir ; ce qu'on peut réduire à ce qui suit.

1°. Qu'ils sachent bien écrire et lire. On donnera, dans un volume à part, une méthode très-courte, très-facile et fort agréable pour apprendre à écrire et à lire dans les écoles primaires de la République française. On y verra qu'on abrège de beaucoup en apprenant à écrire avant d'apprendre à lire.

2°. Qu'ils connoissent l'arithmétique vulgaire et un peu d'arpentage.

3°. Qu'ils aient entre les mains un petit recueil de morale propre à leur rendre le cœur bon et à former leur esprit

F 5

dans les connoissances qu'ils doivent avoir pour devenir des hommes solides et de véritables citoyens.

4°. Qu'ils apprennent un petit code de droit relatif aux usages des campagnes.

5°. Enfin qu'ils étudient un petit traité des contrats et des principes du droit naturel et civil. Faute de ces connoissances, les paysans font mal leurs affaires, vivent mal les uns avec les autres, et se ruinent pour la plupart en chicanes et en procès. Ceux qui les conduisent savent mieux que personne combien il est difficile de leur faire entendre raison. Eh ! quels moyens de mettre à la raison des gens grossièrement ignorants, qui n'ont aucune idée des choses qu'on veut leur faire pratiquer ? Les plus ignorants des hommes sont toujours les plus méfiants.

Mais s'il faut apprendre aux gens de campagne les choses nécessaires à leur état, on doit bien prendre garde de les occuper de sciences inutiles. Cette règle ne sera pas applicable à ceux en qui on remarquera des talents supérieurs.

DE L'ÉDUCATION DES FILLES.

Qu'on juge de l'importance de l'éducation des filles par les assertions suivantes, qui toutes sont vraies, et qu'on peut porter jusqu'à l'évidence la plus frappante, mais que nous ne ferons qu'indiquer.

Il est constant que la mauvaise éducation des femmes fait plus de mal que celle des hommes ; il est encore constant que la bonne éducation des femmes remédieroit à touts les vices des hommes ; et il n'est pas moins constant que ce sera en vain qu'on s'efforcera de perfectionner l'éducation des garçons, si l'on ne pense efficacement à réformer celle des filles (1). Il est donc inconcevable qu'on ait tant négligé, en France, l'éducation et l'instruction des femmes. Sans doute que ces heureux établissements, d'où dépendent les mœurs, la gloire et la félicité de la République, étoient réservés à notre gouvernement actuel, uniquement occupé de faire le bonheur de la France.

----

(1) Du soin des femmes dépend la première éducation des hommes ; des femmes dépendent encore leurs mœurs, leurs passions, leurs goûts, leurs plaisirs, leur bonheur. (*Jean-Jacques.*)

C'est depuis six jusqu'à seize ou dix-huit ans que se forme le caractère, et les caractères se forment tous, en partie, sur l'habitude. Or, dans ces temps si décisifs pour touts les âges suivants et pour le bonheur de la vie, les femmes sont malheureusement abandonnées à elles-mêmes. Si l'on s'occupe quelques moments d'elles, touts les soins sont pour le corps ; l'esprit et le cœur n'entrent pour rien dans les leçons qu'on leur fait. Bien loin de leur être utile et fructueuse, cette culture achève de détruire toutes les rares qualités que la nature avoit mises en elles pour procurer mille avantages à la société ; car si des femmes ainsi formées font quelques réflexions, elles les tournent toutes vers leurs corps, parce qu'elles voient que toute leur éducation n'a que lui pour objet.

Cependant l'esprit et le cœur qu'on néglige tant, et pour lesquels on ne fait rien, sont toujours actifs. Par conséquent si vous ne prenez la précaution de les diriger vers le bien, ils prendront d'eux-mêmes une direction conforme à leurs inclinations, et il est inutile de dire où conduisent un esprit sans culture et un cœur sans contrainte. Cette imagination vive, cet esprit précoce, ces ruses ingénieuses, cette adresse naturelle, ces sentiments vifs et tendres, cette douceur touchante, cette pente irrésistible vers la société, cette curiosité inquiette sur tout, et beaucoup d'autres précieux avantages que la nature a donnés aux femmes, pour être la source des plus grands biens, s'abâtardissent faute d'une culture convenable, et dégénèrent en se transformant en plusieurs défauts, dans le détail desquels nous nous donnerions bien de garde d'entrer, si en les découvrant, nous ne nous proposions d'y apporter le remède convenable.

Nous ne voulons pas nous élever contre nos usages, qui laissent aux femmes un crédit dominant parmi nous, et qui les met en possession de donner le ton dans touts les cercles, où tout se décide par elles, où elles ont touts les égards. Ces déférences ne sont que très-louables, parce qu'on suppose les femmes telles qu'elles doivent être, et telles cependant qu'elles ne peuvent être sans y avoir été préalablement disposées. Or, ces principes reçus par les sociétés sont la source de presque touts les maux dont nous nous plaignons ; car si les femmes ont tant de crédit, et si cependant elles n'ont pour guide que les lumières de leur raison, ces foibles lumières presqu'étouffées par les préjugés et les passions, quels maux ne peuvent-elles pas faire par leur ascendant, et le faire sans le vouloir ! Elles dominent dans les sociétés. On ne s'y entretiendra donc que des choses qui peuvent leur convenir, et le temps précieux des conversations ne roulera que sur des objets qu'elles aiment ou qu'elles peuvent envisager. On n'y parlera que de spectacles, que de modes, que d'habillements, que de colifichets et de mille autres choses encore plus indifférentes au bonheur des hommes. Or, des jeunes gens habituellement accoutumés à de pareils entretiens, peuvent-ils devenir des hommes graves, sages, appliqués, réfléchis, de grands hommes dans touts les genres, et tels que doit être tout homme raisonnable? De pareilles conversations ne formeront jamais que des hommes frivoles, désœuvrés, sans consistance, sans caractère, sans vues et sans énergie.

Les mœurs des femmes ont donc tout pouvoir sur la constitution d'un état; elles l'élèvent, elles l'abaissent à leur gré, et lui font subir toutes les variations qu'elles éprouvent. Nous ne voulons point ici rappeler tout ce que l'histoire nous rapporte de propre à prouver notre assertion : ce que nous pourrions en dire ne flatteroit ni notre amour-propre ni la sensibilité des femmes. Touts les temps n'ont pas toujours fourni des scènes aussi amusantes que celles où nos pères, entêtés des idées de la chevalerie, s'occupoient à redresser touts les torts contre les mœurs et la politesse.

Voulons-nous donc voir revivre ces âges fortunés où Lacédémone, Athènes, Rome, les Gaules devoient aux leçons de leurs femmes touts ces milliers de héros dont les vertus morales et guerrières ont fait l'admiration des siècles qui les ont suivis, instruisons les femmes et faisons succéder à celles dont nous avons négligé l'éducation, une génération plus imbue de bons principes; on verra bientôt, dans toutes les sociétés, le goût du travail, des réflexions sérieuses et des entretiens utiles succéder à touts les désordres qui nous font rougir; les mœurs changeront de face, et la société devra son bonheur aux talents de celles qui sont destinées par la nature pour en faire l'agrément par leurs vertus. Ces hommes efféminés qui n'ont d'autres occupations que de promener leur oisiveté de cercle en cercle, rentreront bientôt dans l'ordre commun du travail, s'ils trouvent occupées les femmes qui président aux maisons où ils vont touts les jours perdre leur temps et le faire perdre à une infinité d'autres. Tout se perfectionnera, les mœurs se formeront comme d'elles-mêmes, et l'éducation publique en deviendra

infiniment meilleure et plus facile ; car les mères sont établies par la nature pour être les premiers maîtres de leurs
enfants. Cette douceur insinuante que la nature leur a
donnée, ce tendre attachement pour tout ce qui leur appar-
tient, l'aptitude à donner la première nourriture et les premiers secours à leurs enfants, les fonctions des mères atta-
chées à l'administration intérieure de la famille, l'amour
des enfants plus vif pour leur mère que pour leur père, tout
cela avertit assez que c'est des mères que les enfants attendent les premières leçons, et que ces secours seroient infiniment plus efficaces en venant d'elles que s'ils les recevoient
de tout autre. Mais des mères instruites comme elles le sont
aujourd'hui, pourront-elles disposer leurs enfants aux vertus qu'elles ne pratiquent pas et aux sciences dont elles
n'ont aucune idée ? Elles ne peuvent que leur donner une
éducation conforme à leur goût et à leurs manières ; elles
les dresseront à se plier au goût pernicieux des modes, à une
complaisance molle et aveugle, à l'extérieur frivole des
compagnies, à rire en pleurant, à rien de plus. Or, quel
bien peuvent faire à l'état des enfants ainsi formés ? ou plutôt quel mal ne lui font-ils pas ? Ils portent les vices de leur
première éducation par-tout où ils vont ; ils les communiquent, de proche en proche, à touts ceux avec qui ils ont
à vivre. C'est ainsi que les vices se multiplient et se perpé-
tuent dans la société, et sur-tout dans les écoles et dans les
colléges, où ces enfants sont pour les autres une source
continuelle de déréglement, et de mille peines pour les
maîtres.

Le bien de la République demande donc qu'on s'occupe
très-sérieusement de l'éducation des femmes. L'instruction
que nous venons d'indiquer pour les écoles de campagne,
pourroit suffire pour le commun des femmes. Quant à celles
qui sont destinées à vivre dans les villes, on leur appren-
droit leur langue par principe, la morale, un abrégé des
arts, un tableau raccourci du globe, quelques notions des
quatre éléments, un petit code de droit naturel, le dessin,
un peu d'arithmétique, la musique et le travail des mains.
Les livres élémentaires faits pour les écoles de campagne,
serviroient, en partie, pour celle des filles. Avec le secours
de ces livres, les mères pourroient elles-mêmes se charger
de l'éducation de leurs filles. Le matin, elles leur appren-
droient les principes de la langue française, et une morale
appropriée à leur sexe, et propre à leur inspirer le goût des

vertus qui conviennent à l'état de fille, d'épouse, de mère, de citoyenne ; le soir, un petit abrégé des arts et un petit tableau du globe. Chaque séance du matin seroit terminée par une leçon d'arithmétique, et celle du soir par le dessin et le travail des mains. Les mères de campagne s'appliqueront à faire de leurs filles de bonnes ménagères, et se contenteront de les porter au bien par leurs exemples, de leur apprendre à écrire et à lire dans les heures de délassement, avec un petit abrégé des maximes qui découlent de ce principe : *ne fais pas à autrui ce que tu voudrois qu'il ne te fît pas, et fais lui ce que tu desirerois qu'il te fît en pareil cas.*

Si les mères ne peuvent donner l'éducation à leurs filles, elles choisiront, dans leur quartier ou dans leur village, la femme qu'elles croiront la plus propre pour les remplacer dans un emploi si important. Les femmes romaines ne confioient leurs filles qu'à des parentes très-proches dont elles connoissoient les talents et les mœurs.

QUATRIÈME PARTIE.

Des moyens que les instituteurs particuliers, tels que les parents, peuvent employer pour apprendre, par la seule conversation, non seulement à écrire et à lire à leurs enfants, mais encore ce qu'il y a de plus curieux dans les arts et de plus piquant dans les sciences.

La méthode que les parents doivent employer pour instruire leurs enfants, ne doit pas être la méthode des écoles ; les pères et mères ont un état à remplir, ceci ne doit être qu'un délassement à des occupations plus sérieuses.

Le cours d'éducation qu'on leur propose ici est amusant pour le maître, et ne demande, du côté de l'écolier, que de faire usage de l'attachement qu'il doit avoir pour son père, et une attention assez commune à écouter ce qu'il lui dit.

Tout est nouveau pour un enfant, tout pique, tout intéresse sa curiosité, ce sont autant de moyens que la nature nous offre pour nous seconder dans la culture de ces jeunes plantes confiées à nos soins. Si l'instituteur est consommé dans son art, s'il sait profiter adroitement de l'instant favorable, et proportionner ses entretiens au génie de son élève, il parviendra facilement à son but. Tout consiste à bien posséder sa matière, à savoir la présenter sous un jour favorable, propre à nourrir la curiosité de son élève et à amener de nouvelles questions, à passer d'un exercice à un autre, du travail aux jeux, et des divertissemens à l'étude. Par-là, on parviendra facilement à apprendre à un enfant à lire, à écrire, les sciences, tout cela sans le contraindre, dans des temps différens, sans ordre apparent, suivant que les circonstances se présentent, ou que les instants de la journée y sont favorables et en fournissent l'occasion.

On voit que, par cette méthode, les sciences et les arts sont enseignés indistinctement, sans différence de temps, suivant que l'occasion se présente. Cependant il est des connoissances qui doivent précéder les autres, et dont le maître doit faire naître le moment, suivant l'ordre que nous allons indiquer. Le vrai point sera d'étudier les dispositions actuelles de son élève.

Du dessin et de la musique.

Nous croyons que l'éducation particulière doit commencer par ces deux arts, parce qu'ils nous paroissent si naturels à touts les hommes, qu'il ne faut que guider un peu la main, régler un peu l'oreille et les accents de la voix des enfants, pour leur en donner une connoissance suffisante, et parce que ces premiers préliminaires nous seront d'un grand secours pour apprendre à écrire et à lire aux enfants. Il faut donc commencer par leur faire solfier des airs simples, agréables et notés en gros caractères, et leur faire tracer sur le papier tout ce qui flatte leur imagination, tantôt un carrosse, tantôt un petit homme, un oiseau, etc.

De l'art d'écrire et de lire.

Il faut apprendre à écrire à un enfant avant de lui enseigner à lire, parce que cette méthode est la plus simple et la plus facile ; en l'employant, le maître s'épargne bien des peines, et à son élève beaucoup de contrainte et de longueur. Comme la méthode d'apprendre à écrire avant d'apprendre à lire demande quelques détails, nous avons cru devoir en faire un petit traité, que nous publierons immédiatement après ce plan d'instruction. Nous invitons nos lecteurs à y recourir. Nous rapporterons seulement ici quelques réflexions particulières à cette quatrième partie.

Après avoir appris à un enfant à peindre chaque lettre selon la méthode indiquée, et à les distinguer à-peu-près l'une de l'autre, je jetterai sous ses yeux toutes sortes de lettres de différentes couleurs, de manière que chaque espèce aura la sienne particulière; mon élève cherchera à les démêler, et il prendra du plaisir à mettre ensemble celles de la même espèce; par ce moyen il parviendra bientôt à les distinguer toutes l'une de l'autre. Alors j'unirai, comme par hasard, quelques lettres qui rendront un mot facile à prononcer, peu composé, connu et chéri de mon élève, *père*, par exemple; je prononcerai ce mot avec affectation, je le laisserai voir au jeune homme; et quand je serai sûr qu'il l'a bien vu, je brouillerai, comme par mégarde, les caractères. On conçoit qu'à l'instant il cherchera à refaire un nom qu'il aime, et qui l'a frappé agréablement : ce mot rétabli, je mettrai une *m* à la place du *p*, et le mot *mère* remplacera celui de *père*. Nous continuerons cette espèce de jeu autant de temps qu'il plaira à mon élève, et je le guiderai toujours dans toutes les combinaisons qu'il voudra faire. Quand cet exercice ne lui plaira plus, nous passerons à une autre chose qui sera plus de son goût, et dont j'aurai soin de tirer profit pour son avancement, suivant les questions qu'il me fera; tantôt il me fournira l'occasion de le rappeler aux sentiments de son cœur, aux décisions de sa conscience; tantôt ce sera le temps de lui faire une expérience physique, ou de lui rapporter un trait d'histoire. Dans tout cela il y aura quelque chose qui le frappera agréablement, quelque chose qu'il sera bien aise d'entendre une seconde fois; je le réduirai à une simple proposition de trois ou quatre mots; je rendrai cette petite phrase par la combinaison de nos caractères, ensuite je l'écrirai sur le papier, en grosses lettres; j'épellerai ces lettres avec l'attention de bien séparer les syllabes; je les lirai immédiatement après, et les ferai lire à mon élève : sa curiosité satisfaite, je placerai cette pensée ainsi rendue par écrit, sur le lieu le plus apparent de notre appartement, ce que je ferai toutes les fois qu'il nous prendra la curiosité de revenir au même exercice. Par ces moyens, nous aurons toujours sous nos yeux un petit abrégé de toutes nos leçons. En repassant de temps en temps toutes ces maximes ou pensées, nous apprendrons insensiblement, non-seulement à lire, mais beaucoup de choses intéressantes. Après ce léger commencement, je ne répondrai plus à la plupart de ses demandes que par écrit, ou en combinant nos caractères; il lui prendra envie de m'interroger de même, et on voit combien cette méthode abrégera le temps et le travail; si l'on ajoute à cela que je lui ferai envoyer du dehors des billets courts et bien écrits, qui lui annonceront des choses plaisantes et agréables, auxquelles il lui faudra répondre. Telle est la méthode que j'employerois pour apprendre à écrire et à lire, si j'étois chargé de l'éducation d'un enfant, à la santé et aux plaisirs duquel on ne doit pas moins travailler qu'à son avancement dans les sciences.

De la logique.

La logique est l'art de diriger notre esprit dans ses opérations. L'esprit pense, juge et raisonne; précieuses qualités qui distinguent si avantagensement l'homme de la brute, et dont il doit se servir pour faire son bonheur et celui de ses semblables.

Lorsque les corps agissent sur nos sens, ils produisent sur nos organes certains mouvements que nous appelons sensations; cette action des sens sur nous occasionne dans notre ame une impression qui est appelée perception, et cette perception excite dans notre esprit une représentation de l'objet; représentation ou image qu'on nomme idée. Notre esprit considère ensuite cette idée avec un degré d'attention volontaire; c'est ce qu'on nomme pensée. Bientôt notre esprit se porte à unir ou à séparer les idées qu'il vient de recevoir; voilà ce qu'on appelle juger ou raisonner. On voit que cette science est abstraite par elle-même; cependant elle a des endroits si faciles à saisir, que je ne balance pas de la placer à la tête des connoissances que je veux donner à mon élève, d'autant plus que celle-ci sert de fondement à toutes les autres, et qu'elle en rend l'acquisition beaucoup plus facile. Tout consiste dans la méthode.

Quand nous aurons combiné ensemble un certain nombre de mots qui aient un sens parfait; par exemple, *le soleil paroît rond, deux et deux font quatre, le mensonge est odieux*, je dirai à mon élève : toutes ces phrases qui contiennent un certain nombre de mots, sont appelés, en terme de logique, propositions, et jugements si l'on ne fait que penser ce qu'elles signifient. Ainsi quand je dis : *ma montre est d'or*, c'est une proposition, et quand je le pense, c'est un jugement. Vous voyez donc que nous faisons à chaque instant des jugements, que nous prononçons de même des propositions, et qu'avec un peu d'attention, nous connoîtrons bientôt la manière de juger sainement des choses ; science importante, qui coûte peu à acquérir, et qui contribue infiniment à la gloire et au bonheur du philosophe. Pour vous apprendre cette science, je ne vous demande que de répondre à quelques questions que je vais vous faire. En même temps je ferai passer sous ses yeux plusieurs objets, *une montre*, par exemple, *un chapeau*, et je lui dirai : vous voyez cette montre ? voyez-vous ce chapeau ? Il me répondra qu'il les voit. — Mais fermez les yeux, les voyez-vous encore ? — Non. — C'est donc par les yeux que vous voyez les choses ; les yeux sont conséquemment le sens de la vue, comme on dit que l'oreille est le sens de l'ouïe, parce que c'est par l'oreille que nous entendons. Mais en fermant les yeux, ne vous semble-t-il pas voir encore la montre et le chapeau, et ne pourriez-vous pas me dire comment ils sont faits ? — Oui. — Si je vous les donnois à toucher, vous les distingueriez bien l'un de l'autre, et vous ne prendriez pas le chapeau pour la montre, ou la montre pour le chapeau. — Certainement non : la montre est cette petite boîte qui nous indique qu'elle heure il est, et le chapeau est ce qui est fait pour couvrir ma tête. — Voilà donc que vous connoissez bien mon chapeau et ma montre ; mais vous ne les connoissez que parce que vos yeux vous les ont fait connoître. Maintenant vous avez les yeux fermés, et vous n'avez plus besoin de les ouvrir pour connoître ces deux objets. Cependant la montre et le chapeau ne sont pas allés se loger dans vos yeux, il sont toujours où ils étoient ; que pensez-vous donc qui s'est passé en vous quand vous les avez vus, sinon que leur image est venue se peindre dans votre esprit ? Or, l'image, la peinture d'une chose qui se trace dans l'esprit, c'est ce que les philosophes appellent *idée*. Nous ne connoissons donc pas les choses en elles-mêmes ; nous ne les connoissons que par les idées que nous nous en formons, par le moyen que je viens de vous faire connoître ; de sorte que sans idées point de connoissances, et qu'avec une abondance d'idées bien dirigées, on a beaucoup de connoissances. Pour vous convaincre de plus en plus de ceci, essayez de vous rappeler touts les objets qui sont dans cette chambre sans vous les représenter, vous verrez que cela vous sera impossible — Effectivement, je ne puis penser à ma montre sans me la représenter, à ce papier sans m'en rappeler l'image. — Dites *idée*; car image et idée sont ici la même chose. Il nous faut donc autant d'idées que nous avons d'objets à nous représenter ; mais toutes les choses sont séparées les unes des autres ; les unes sont grandes, les autres sont petites ; les unes sont noires, les autres sont blanches ; d'autres sont dures, d'autres sont molles, etc. Toutes les choses étant différentes entr'elles, il s'en suit qu'il n'y en a aucune qui ressemble parfaitement à une autre, et qu'il y a toujours quelque chose qui les distingue les unes des autres. Il nous faut donc autant d'idées qui nous les fasse toutes connoître et distinguer ; l'idée qui nous fasse connoître la chose, et l'idée qui nous la fasse distinguer de tout ce qui n'est pas elle. Voilà donc deux idées que chaque objet nous procure : chacune de ces idées a son nom particulier ; l'idée qui représente la chose, est ce qu'on appelle l'idée de la substance, parce qu'elle nous représente une chose qui subsiste en elle-même, et séparément des autres objets ; l'idée qui nous fait distinguer un objet d'un autre objet, s'appelle idée de qualité, parce qu'elle nous dit qu'elle est la qualité d'une personne ou d'une chose, c'est-à-dire, si elle est grande, petite, bonne, rouge, ronde, etc. Ainsi l'idée d'un arbre est l'idée d'une substance, parce que l'arbre subsiste en lui-même et séparément des objets qui l'environnent, de ce mur, par exemple ; mais l'idée de *vert*, de *grand*, qui convient encore à cet arbre, est une idée de qualité, parce que *grand*, *vert* sont des qualités qui ne subsistent pas en elles-mêmes, mais dans l'arbre qu'elles distinguent de tout autre, séparément duquel elles ne peuvent subsister, et sans lesquelles l'arbre seroit encore existant ; car que l'arbre soit grand ou petit, vert ou noir, il ne sera pas moins un arbre, indépendamment de ces qualités.

Cependant au milieu de toutes ces pensées, de toutes ces représentations, votre esprit ne reste certainement pas oisif ; il réfléchit sur ses idées, il prend parti et dit, par exemple : *cette montre est d'or, ce chapeau est noir, cet habit me paroît neuf.* Or, croiriez-vous que ce que vous faites là est ce qu'on appelle juger ? Cependant cela est exactement vrai ; par conséquent il ne faut pas être philosophe

pour juger, et tout le monde porte des jugements; mais il
y a des règles qui nous instruisent si nos jugements sont
fondés en vérité ou non, et c'est à observer ces règles que
consiste la bonne logique. Nous verrons bientôt ce que c'est
que ces règles; il n'est maintenant question que de bien
connoître la nature de nos idées.

Quand vous pensez donc que ce papier est beau, c'est
un jugement que vous faites; et quand votre bouche prononce ce que vous pensez, et que vous dites, *ce papier est
beau; papier* exprime l'idée de la substance; *beau*, celle de
la qualité; *est* rend l'action de votre esprit, qui affirme
que la qualité *beau* convient à la substance *papier*. Mais si
vous dites que ce papier est beau, c'est parce qu'il vous
paroît tel effectivement; et s'il vous paroissoit laid, vous
diriez : *ce papier n'est pas beau*, c'est-à-dire, que vous
diriez que la qualité *beau* ne convient pas à votre papier.
Voilà donc en quoi consiste le jugement sain et exact, c'est
de savoir unir ensemble des choses qui sont faites pour aller
ensemble, et ne point associer des choses ou leurs idées, qui
ne peuvent se convenir.

Vous êtes, sans doute, bien empressé de connoître les
règles qu'il faut observer pour réussir dans l'importante opération d'où dépend toute la certitude de nos connoissances?
et je m'imagine que vous croyez que c'est quelque chose
de bien difficile. Point du tout; et du moment que vous
montrez tant d'empressement pour connoître ces règles,
vous les connoissez déjà; car leur connoissance ne dépend
uniquement que des réflexions que nous venons de faire
ensemble.

Je viens de vous dire que pour unir ensemble deux idées,
il faut qu'elles conviennent l'une à l'autre. Dans ce peu
de mots ont renfermées toutes les règles nécessaires pour
rendre votre logique sûre et claire. Si deux idées ne peuvent
être unies ensemble qu'elles ne conviennent l'une à l'autre,
pour dire véritablement que cet habit est rouge, il faut
qu'il le soit effectivement, que la qualité rouge convienne
à cet habit, et que *rouge* et *habit* soient deux expressions
qui rendent deux idées faites l'une pour l'autre; de même,
pour dire que ma montre n'est pas d'or, il faut que mon
esprit voie que cette montre est de toute autre chose que
de l'or. Par conséquent, pour unir ou pour séparer des
idées sans craindre de se tromper, il faut faire attention à ce
que l'esprit voit, à le bien connoître et à ne prononcer que

ce

ce que l'on voit. Avec ces seuls moyens, on ne se trompera jamais dans ses jugemens. La vérité de nos jugemens dépend uniquement de cette règle. Tout ce que je vous dirois de plus deviendroit inutile, et ne seroit propre qu'à jetter de la confusion dans vos idées.

Quoi! me dira-t-on, vous réduisez à la seule inspection des idées toutes les règles du jugement? Laisserez-vous ignorer à votre élève ce qui regarde les différentes espèces de syllogisme, toutes les discussions sur les propositions, toutes ces règles si célèbres dans nos écoles? A cela je réponds que les discussions sur les propositions se traitent dans la grammaire où elles sont mieux placées, et que toutes les règles de syllogismes tant vantées dans nos écoles ne sont vraies qu'autant qu'elles sont appuyées sur celle que nous venons de poser; qu'il est par conséquent au moins inutile de les apprendre; qu'il suffit, dans toutes les occasions, de rappeler mon élève à cette règle simple et claire; de l'avertir qu'il n'a pas assez examiné ses idées, s'il lui arrivoit de se tromper dans l'association qu'il en fera, et de l'accoutumer de bonne heure à réfléchir sur les objets les plus communs, principalement sur ceux qui sont les plus simples, à les considérer sur toutes leurs faces; à comparer les objets familiers avec d'autres objets aussi familiers; à s'attacher à découvrir les relations que les choses peuvent avoir ensemble, les différences qui peuvent s'y trouver, l'ordre avec lequel chaque propriété se présente à notre esprit; à ne prononcer, en jugeant d'une idée, que ce qu'on en connoît naturellement. Toutes ces réflexions, suite nécessaire de la loi unique que nous venons d'indiquer, ne se présenteront pas tout-à-coup à l'esprit d'un enfant; il sera encore moins tenté de les réduire en pratique; mais c'est à l'expérience du maître de les faire naître, d'en amener l'occasion, en étudiant et en dirigeant la marche de l'esprit de son élève. La vérité de ce que nous venons de dire paroîtra encore plus évidente à quiconque nous suivra dans ce que nous allons dire de la troisième opération de notre esprit.

Raisonner, c'est d'une proposition en tirer une autre; c'est de la fausseté ou de la vérité d'une proposition en conclure la vérité ou la fausseté d'une autre. Le raisonnement est donc, par rapport au jugement, ce que le jugement est par rapport à l'idée. Quand nous jugeons, nous unissons au moins deux idées; quand nous raisonnons, nous combinons au moins deux jugemens, et nous concluons que l'un suit

de l'autre, ou qu'il n'en suit pas. Or, dans toutes ces opérations, tant simples que composées, que voit l'esprit? des
idées. Que fait-il? il unit des idées. Et dans tout cela comment agit-il? il reçoit une impression et l'examine; et, d'a-
près cet examen immédiat, il prononce sur ce qu'il voit et
connoît, et il ne voit et ne connoît que des idées; par conséquent, c'est de la connoissance exacte de nos idées, que
dépend toute vérité; et il n'y a jamais de vrais jugemens,
ni de raisonnemens solides, sans la connoissance de la
convenance et de la disconvenance de nos idées; et, avec
cette seule connoissance, nous pouvons prononcer, sans
crainte de nous tromper, qu'un jugement est vrai, et qu'un
raisonnement est solide.

D'après ces réflexions, ne paroît-il pas cruel de tourmenter un enfant pour lui apprendre des règles de logique,
aussi abstraites qu'elles sont ennuyeuses et inutiles? N'est-
il pas plus simple de faire, dans cette occasion, ce que nous
voyons que font, dans toutes les circonstances de leur vie,
les plus grands philosophes, les meilleurs politiques, les
hommes les plus prudens et les plus éclairés? Ils étudient
leur objet, ils le retournent de touts les côtés, ils se le représentent dans toutes ses circonstances; ensuite ils se dé-
terminent sans penser à recourir ni au syllogisme ni à ses
règles. Or, ne seroit-il pas ridicule et imprudent de croire
ces règles utiles pour la découverte du vrai, et de ne jamais s'en servir dans aucune des circonstances où l'on a besoin de délibérer? N'est-il pas plus naturel de conclure
que, puisqu'on les laisse dans un oubli général, qu'on ne
les retrouve que dans la poussière des classes et dans les
détours d'une scholastique fastidieuse, tout le mode est
convaincu de leur inutilité pour réussir dans la découverte
du vrai.

Il faut donc reconnoître que, pour arriver à la connoissance du vrai, il suffit de voir que certaines idées conviennent ou ne conviennent pas ensemble; que, hors de là,
c'est travailler sur le vide, parce que les objets n'agissent
pas immédiatement sur notre esprit; que ce n'est que par
ses idées qu'il peut en acquérir la connoissance, et par conséquent qu'une connoissance n'est réelle qu'autant qu'il y a
de la conformité entre nos idées et la réalité des choses, et
que si l'esprit n'apperçoit rien que ses idées, il n'y a que
des idées à connoître et à comparer pour arriver à la vérité. Il n'est pas possible de porter plus loin l'opération de
notre esprit.

La perception immédiate de la convenance ou de la disconvenance des idées, étant fondée sur ce que l'esprit a des
idées distinctes, il s'en suit que nous n'avons de propositions évidentes par elles-mêmes, que celles qui sont fondées sur des idées claires et distinctes. Les idées distinctes
sont donc le fondement de nos connoissances et le premier
acte de l'esprit, celui qui lui est le plus nécessaire, et sans
lequel il n'est capable d'aucune connoissance. Or, il est évident que personne n'a besoin d'aucune règle pour sentir
quand une idée est présente à son entendement, ce que c'est
que cette idée, et quelles sont les propriétés qu'il apperçoit
lui convenir; il sent de même, lorsqu'il en a plus d'une,
qu'il les connoît distinctement, qu'il ne les confond pas les
unes avec les autres, et il a des termes pour m'annoncer et
me faire sentir cette distinction; et comme il est impossible
que mon esprit n'apperçoive pas ce qu'il apperçoit véritablement, il est de même impossible qu'il se trompe lorsqu'il prononce sur certaines idées, s'il a réfléchi sur ce qui
se passe en lui-même. Conséquemment, toutes les fois que
l'esprit vient à considérer attentivement une proposition,
et qu'il apperçoit que les deux idées qui sont représentées
par les termes dont elle est composée, ne sont qu'une même
idée complexe, il est infailliblement certain de la vérité
d'une telle proposition; certitude qui est la même, soit
que les idées soient plus ou moins générales, plus ou moins
abstraites, ou que les propositions qui les rendent soient
com osées d'un plus grand ou d'un plus petit nombre de
termes.

Concluons donc de tout ceci, que le petit entretien que
je viens d'indiquer suffira pour instruire mon élève sur les
préceptes de la logique, sauf à les développer dans les circonstances favorables.

De la grammaire.

La logique dirige les pensées, et la grammaire les mots
qui rendent les pensées. Ce que nous avons dit des pensées
dans le chapitre précédent, il faut le dire ici des termes qui
expriment ces pensées. Nous avons dit qu'il y avoit des pensées qui nous représentoient des substances, et qu'il y en
avoit d'autres qui représentoient les qualités de ces substances. Il ne nous reste plus qu'à ajouter que les mots qui rendent les idées des substances s'appellent substantifs; que

ceux qui expriment les idées des qualités, s'appellent qualificatifs ou adjectifs; et que celui qui rend l'opération par laquelle l'esprit unit ou sépare les idées, est ce qu'on appelle verbe.

Touts les noms se réduisent donc en trois classes principales; celle des substantifs, celle des adjectifs et celle des verbes. Il n'est question ici que d'avoir des moyens simples et faciles pour apprendre à mon élève à reconnoître touts ces mots dans les lectures qu'il fera. Voici les moyens que je crois les plus propres pour cela : ils ne demandent qu'une légère attention aux petites questions que je vais exposer, dans quelques réflexions que je me suppose faire avec mon élève, en lisant ensemble.

Ceux des mots devant lesquels vous trouverez ou pourrez mettre *le*, *la*, *un*, *une*, sont des noms ou substantifs ou adjectifs. Ainsi *la maison*, *le cheval*, *le rouge*, *le grand*, sont des noms, les uns substantifs, les autres adjectifs. Ceux d'entr'eux auxquels vous pourrez ajouter les mots *plus ou moins*, sont des adjectifs, et ceux auxquels vous ne pourrez ajouter l'un de ces termes, sont des noms substantifs. Par conséquent *maison* est un nom, puisqu'on peut dire *la maison*; et ce nom est un substantif, puisqu'on ne sauroit dire *plus maison*, *moins maison*. *Grand* est aussi un nom; on peut dire *le grand*; mais ce nom est adjectif, puisqu'on peut dire *plus grand*, *moins grand*. Remarquez, en passant, que *le* désigne le masculin, et *la* le féminin; que ce *le* et ce *la* sont des petits adjectifs, de vraies qualités que l'on ajoute à un nom, pour en restraindre et particulariser la signification; que *je*, *tu*, *il; nous*, *vous*, *ils*, sont appelés pronoms, parce qu'ils se mettent à la place d'un nom, et que *qui*, *lequel*, *laquelle*, sont appelés relatifs, parce qu'ils rappellent l'idée d'un autre nom. Deux ou trois observations sur des exemples pris de nos lectures ou de nos entretiens, suffiront pour faire comprendre toutes ces choses.

Pour apprendre ce que c'est qu'un verbe, nous renvoyons à ce que nous avons dit dans le cours d'instruction générale.

Reste à dire à mon élève qu'une conjonction tire son nom de sa fonction, qui est d'unir une proposition avec une autre; et qu'un adverbe n'est ainsi appellé que parce qu'il se met auprès d'un mot pour en augmenter ou diminuer la signification. Rien aussi de plus facile que d'apprendre à un enfant à bien distinguer le pluriel du singulier, le présent du passé et du futur ; que de lui faire remarquer comment les autres temps dérivent de ceux-là. Quelques lectures réfléchies et analysées produiront insensiblement touts ces effets, et il seroit inutile d'arrêter long-temps un jeune homme sur la méditation des principes d'une langue qu'il parle touts les jours, et sur laquelle on pourra très-souvent faire quelques réflexions.

Cependant il faut que ces réflexions soient amenées d'elles-mêmes, et que leur discussion soit toujours sensible et aisée à saisir. Par exemple, si nous écrivions ou si nous prononcions cette proposition : *la vertu régit le monde*, ne pourrois-je pas demander à mon élève : *qui est-ce qui* régit le monde ? Et ne me répondroit-il pas sur-le-champ, *la vertu.* Ne seras-ce pas l'occasion de lui dire que ce qui vient en réponse à cette question est toujours le sujet de la phrase. Si je trouve qu'il saisisse ce principe, ne pourrai-je pas en déduire toutes les conséquences ; savoir que si ce sujet est singulier, le verbe est singulier ; que c'est ce sujet qui nous fait connoître de quelle personne est un verbe ; en un mot, si une proposition est simple, si elle est complexe, principale ou subordonnée. Ainsi, si nous faisons cette question sur les deux propositions suivantes ; par exemple : *la terre tourne autour du soleil ; le flux et le reflux de la mer sont admirables ;* il viendra en réponse *la terre*, pour la première, et *le flux et le reflux* pour la seconde. Dans le premier cas, la proposition est simple ; on ne répond qu'un seul mot ; mais dans le second cas, on en répond deux ; la proposition est composée ; on peut la décomposer en autant de propositions simples qu'il y a de sujets. On peut conséquemment dire : *le flux est admirable, le reflux est admirable.* Pour juger de la valeur d'une proposition composée, il faut toujours la décomposer. C'est donc la seule question *qui est-ce qui,* faite sur le verbe, qui nous fera connoître la nature d'une proposition, qui nous apprendra si elle est simple, si elle est composée, singulière, particulière, générale, etc. etc.

Sur tout ceci, il faut bien remarquer qu'il n'est point question de tourmenter son élève pour lui inculquer toutes ces petites connoissances ; il suffit de placer à propos aujourd'hui une réflexion, demain une autre ; de lui faire remarquer chaque règle à mesure qu'elle se présentera, et de lui développer le tout par des moyens sensibles, simples et agréables.

G 3

Des arts.

Il est certain que les arts sont les richesses de la patrie, et qu'un état où ils sont protégés et encouragés, est toujours plus florissant que ceux où on les laisse sans considération et sans honneur. On ne sauroit donc inspirer à un jeune homme trop de goût pour les arts, ni lui faire naitre trop tôt le desir d'être utile aux artistes et aux artisans.

Cependant les arts ne sont pas tous d'une égale utilité; et s'il en est qu'un individu doive apprendre jusqu'à un certain point, il y en a d'autres qu'il suffit qu'il connoisse assez pour en sentir toute l'utilité et pour les honorer.

Les arts méchaniques sont d'une utilité d'autant supérieure aux arts libéraux, que le nécessaire doit l'emporter sur l'agréable. Cependant touts nos hommages sont pour ces derniers, tandis qu'à peine accordons-nous le moindre égard à l'artisan à qui nous devons tout, et sans lequel il n'y a ni société ni véritables richesses. Conséquemment on ne sauroit trop rendre d'honneur aux arts méchaniques, ni employer trop de moyens pour les faire porter à leur perfection.

Mais comment un enfant sera-t-il porté à prendre ces sentiments pour les arts, s'il n'en connoit pas toute l'importance ? Il faut donc que son instituteur le conduise tantôt dans un attelier, tantôt dans un autre; qu'il lui fasse naitre la curiosité de voir travailler les artisans, de les entretenir, de les faire parler sur leurs opérations, d'examiner les outils, les usines, d'en bien saisir touts les res orts et les usages de toutes les pièces intégrantes qui les composent. Il faut qu'au retour de ces visites intéressantes, on essaie de dessiner les outils qu'on a vu, et qu'on s'en rappelle l'usage. L'instituteur doit sur-tout avoir attention de faire remarquer tout ce qui est propre à inspirer à son élève de l'estime pour les arts et pour les ouvriers, à qui nous devons réellement nos découvertes les plus utiles et les plus rares.

Pour ce qui est des arts libéraux, s'il en est qu'un jeune homme doive s'appliquer à posséder à fond, c'est sur-tout l'éloquence ou l'art de la parole. Quant aux autres, il doit les connoître assez pour en raisonner avec justesse. Il faut donc lui donner de celui-là les meilleurs modèles et les principes les plus clairs et les plus simples.

Pour rendre un jeune homme éloquent, il n'y a pas de

meilleur ni de plus court moyen que de lui donner une idée juste de chaque chose , de l'habituer à employer le mot le plus propre pour les rendre , que de lui remplir l'esprit et la mémoire de plusieurs connoissances utiles et agréables , et de le former à rendre compte , par ordre , de tout ce qu'il lit et de tout ce qu'on lui apprend. Il suffit pour cela de le conduire dans l'acquisition des sciences , de la manière que nous le marquons dans ce petit plan, et de l'accoutumer à réduire en une pensée les lectures qu'il aura faites ; à étendre , au contraire, les petites maximes qui se rencontrent à la tête de chaque article. Il faut conséquemment que son instituteur fasse toujours l'analyse des choses qu'ils liront ensemble, qu'il lui indique les circonstances qui ont servi à développer la pensée principale ; qu'il le porte à faire lui-même de temps en temps ce travail; qu'il le soutienne et qu'il l'aide dans cette opération , tantôt en lui indiquant la proposition à laquelle toutes les autres se rapportent, et pour laquelle elles sont faites, tantôt en l'aidant dans le choix des expressions et dans la manière de les assortir ensemble; et il verra qu'à force d'employer la même méthode sur toutes sortes de lectures, son élève se fera à la méthode de l'analyse, si précieux dans tous les ouvrages d'esprit, et parlera avec grace et avec ordre sur toutes sortes de sujets, sans aucun secours que celui-ci, et avec les seuls matériaux qu'il aura ramassé de toutes parts et sur toutes sortes de matières, dans ses fréquents entretiens avec son maître.

De la physique.

La physique est la science des corps ; c'est la plus amusante et la plus facile à acquérir , si l'instituteur sait profiter des instants et de la curiosité de son élève, pour qui tout est nouveau, sur qui tout agit profondément, et qui cherche à connoître tout ce qui l'environne.

L'eau , l'air, le feu, la terre, ces éléments de touts les corps, sur lesquels roule toute la physique , agissent continuellement sur nos sens, et de tant de manières si différentes, qu'il est impossible qu'ils n'excitent pas notre curiosité, à plus forte raison celle d'un enfant sur qui tout fait impression et laisse des traces si profondes. En effet, un jeune homme verra-t-il touts les jours son feu s'allumer et s'éteindre, dévorer tout ce qui l'approche, exciter en lui la sensation du chaud et de la lumière, sans être porté à faire plusieurs questions sur cet élément et sur les effets qu'il lui voit produire ? Sera-t-il long-temps assis sur le bord d'un clair ruisseau, dont les eaux s'écoulent avec un doux murmure, ou sur les rivages d'une mer agitée, sans montrer le moindre desir de savoir ce que c'est de ce nouvel élément si différent de celui sur lequel il marche ? Pourra-t-il s'appercevoir qu'un arbre est tantôt immobile, tantôt agité, sans que rien d'apparent agisse sur lui, et ne pas en demander la cause ? Remarquera-t-il que la terre se pare, dans certains temps de l'année, de la plus belle verdure, frappe agréablement les yeux par toutes les richesses dont elle s'embellit au printems, après l'avoir vue, quelques jours auparavant, couverte de glaçons et dénuée de toute verdure, sans marquer le moindre étonnement de ce changement de scène et de décoration ? Et le maître, en satisfaisant à toutes les questions que son élève lui fera sur tous ces objets et autres semblables, ne pourra-t-il pas, s'il possède bien sa matière, avoir l'occasion de lui expliquer les merveilleux phénomènes de la nature, et les expliquer de façon à lui inspirer un grand respect pour l'auteur de toutes ces choses ?

Mais supposons que le jeune élève reste immobile et indifférent au milieu de ces grands objets qui le frappent, son gouverneur ne pourra-t-il pas le tirer de cette indifférence, en faisant devant lui une quantité de petites expériences physiques, qui affectent si agréablement les jeunes gens ? Tantôt il agitera l'air, ou avec un grand éventail, ou en faisant rouler rapidement une porte sur ses gonds, ou en tournant au-dessus de sa tête une planchette attachée à une corde, et lui rendra par-là sensibles les différentes propriétés de l'air ; tantôt il maniera des ciseaux ; il se servira d'une balance pour peser de la marchandise ; d'un couteau pour couper du pain ; il fera rouler une boule sur un terrein plat ou raboteux ; il recevra de l'air dans un soufflet, et l'en chassera un instant après ; il fera monter de l'eau dans une seringue, ou l'en expulsera avec impétuosité ; du lait bouillira et se gonflera sur le feu ; un métal s'y fondra ; n'en seras-ce pas assez pour avoir l'occasion d'expliquer les principales propriétés de la matière, les loix du mouvement, tout ce que la méchanique a de plus utile et de plus curieux ? Les éclairs brillent-ils en fendant la nue, le tonnerre fait-il retentir l'air de ses coups, quel est l'enfant qui ne sera point ému d'un phénomène qui ébranle toute la nature, et qui ne saisisse pas avidement tout ce qu'un maître peut dire pour le rassurer sur un objet si effrayant, et pour lui en développer les causes et les effets ?

On présentera un beau fruit sur la table : il arrivera peutêtre que le jeune homme ne pense qu'à le manger ; mais son maître ne pourra-t-il pas lui faire observer comment la chair est couverte d'une enveloppe délicate pour la conserver, pour la mettre à couvert des injures de l'air et des morsures des insectes, et pour empêcher la trop grande dissipation des sucs destinés à sa nourriture ; comment la chair est disposée par couches les unes sur les autres, pour servir de rempart et d'aliments aux petits noyaux qui se trouvent au centre du fruit, et qui sont nécessaires à la reproduction de l'arbre qui l'a porté ; comment cette chair est parsemée de petits filaments, de petits canaux par où elle reçoit la nourriture ? Ne seras-ce pas l'occasion d'aller voir l'arbre qui a porté ce fruit ? Que de choses à dire à un enfant qui fait éclater sa surprise en voyant un arbre chargé d'une multitude de fruits, tous au milieu d'un plus grand nombre de feuilles, tous succédant à des bouquets de fleurs les plus éclatantes ? Que de choses intéressantes touchant la structure intérieure des arbres, et sur la nutrition des plantes ? N'est-ce pas là le vrai moyen de donner à un jeune homme beaucoup d'idées, de les lui donner toutes sûres, et sur-tout de perfectionner les qualités de son esprit, puisque ce n'est que par les idées que ces facultés s'exercent, se développent et se fortifient ? Or, on sait que l'esprit est d'autant plus sain, plus heureux, plus serein que les idées qui l'occupent sont riantes, agréables, heureuses, et qu'elles se succèdent naturellement et sans efforts. Et qui ne voit combien une pareille méthode doit contribuer au bonheur d'un élève, lui donner une bonne constitution et fortifier son tempérament ? En physique, il faut toujours faire procéder les expériences au raisonnement.

De l'astronomie.

L'astronomie est la science des astres. On peut se passer d'être astronome ; mais les premiers éléments de cette science sont si faciles à acquérir, leur connoissance est se séduisante, elle emporte avec elle une empreinte si sensible de sagesse et de magnificence, qu'un instituteur manqueroit une partie de son but, s'il négligeoit d'en donner une légère teinture à son élève, qu'il doit accoutumer à réfléchir sur touts les objets qui le frappent. Cependant s'il faut de la méthode par-tout, c'est sur-tout ici qu'elle est nécessaire.

En conséquence, l'instituteur commencera par faire des remarques sur tout ce que la vue nous découvre dans les cieux, et il n'en tirera les conséquences qu'à mesure que l'occasion en sera favorable. Dans un temps où le ciel sera serein et les étoiles brillantes, il montera avec son élève, sur une plate-forme, d'où il puisse découvrir l'horison céleste, et lui parlera ainsi : jettez vos regards de touts côtés, le plus loin que vous pourrez ; vous découvrirez un grand cercle autour de vous, dont le circuit borne notre vue de touts parts, où il semble que le ciel descend et se pose comme une calotte sur la surface de la terre. Eh bien ! ce cercle, au centre duquel vous êtes, est ce qu'on appelle *horizon*, d'un mot grec qui signifie *borneur*, parce qu'il borne notre vue de touts côtés. Le point où vous avez vu ce matin le soleil monter sur l'horizon, à votre droite, c'est l'orient ; et l'occident ou le couchant, est le point où nous avons vu ce soir, le soleil descendre à votre gauche sous notre horizon, et disparoître à nos yeux pour aller éclairer d'autres peuples. L'espace, depuis l'instant où vous avez vu le soleil se lever, jusqu'à l'endroit où il s'est couché, divison-le en deux parties égales, l'une orientale, l'autre occidentale ; le point du milieu marquera la juste moitié de la course du soleil ; ce sera donc la moitié du jour pour nous, et en conséquence notre midi : si de ce point du milieu, vous supposez une ligne droite qui aille directement devant et derrière vous, elle vous conduira aux deux pôles du monde, ainsi appellés du mot grec *polein*, qui signifie *tourner*, parce que c'est le lieu où pose l'axe sur lequel tourne le ciel. Rien ne vous sera plus facile que de trouver celui des deux que nous appelons pôle arctique, du mot grec *arctos*, qui signifie *ours*, pour les raisons que je vais vous dire. Remarquez devant vous, au nord, un amas de sept étoiles brillantes, dont quatre sont disposées en forme de quarré long, et les trois autres en forme de queue retroussée, c'est ce qu'on appelle *grande ourse*, ou *le grand charriot*, *le charriot de David*. Proche de cette constellation, et plus directement au nord, vous devez appercevoir un autre amas de sept étoiles, assez semblables aux premières par leur disposition, **mais plus petites** et moins éclatantes; c'est la *petite ours* ou le *petit charriot.* La dernière étoile de la queue de cette constellation est tout près du pôle arctique, où pose l'axe, l'essieu sur lequel on suppose que tourne le ciel, tandis que l'autre pôle, celui qui est opposé au pôle arctique, est directement derrière vous, dans la même ligne, à l'autre extrémité du globe céleste. Si vous supposez une ligne qui partage en deux parties parfaitement égales tout l'espace qui est renfermé entre ces deux pôles, cette ligne est ce qu'on appelle équateur, parce que, quand le soleil parcourt ce cercle, les jours sont égaux, et que cet astre est alors autant de temps sur notre horizon qu'il en met à éclairer l'horizon opposé; ce qui arrive pour nous le premier germinal et le premier vendémiaire.

D'après ce détail, que les circonstances pourront conduire plus loin, je reviendrai à la maison, où je mettrai un globe sous les yeux du jeune homme, et je lui rendrai sensibles les différentes positions de la sphère pour tous les habitants de la terre, et les principales apparences qui résultent dans toutes ces positions. Alors je lui ferai voir que c'est à l'analogie que nous devons nos plus belles découvertes en astronomie.

Bientôt nous lirons avec plaisir la pluralité des mondes de Fontenelle; nous ferons nos observations, et nous remarquerons les changements que des découvertes plus récentes doivent y apporter. J'apprendrai au jeune astronome la manière de distinguer facilement les planètes d'avec les étoiles fixes; je lui raconterai tout ce que l'astronomie nous apprend de leur position particulière et respective, de leur mouvement propre ou commun, de leur grandeur, de leur nombre; je lui rendrai sensibles les éclipses du soleil et de la lune, par la seule inspection d'une sphère armillaire, ou en faisant tourner une bougie allumée autour d'un globe obscur, je lui ferai connoître les principaux mouvements des planètes, l'un commun, facile à découvrir, en remarquant tous les jours leur lever et leur coucher; l'autre propre et particulier, qu'on détermine facilement en observant le lieu de leur lever et de leur coucher; car il est différent chaque jour; de sorte que si le soleil s'est levé ou couché aujourd'hui vis-à-vis d'un certain arbre ou d'une certaine tour, demain il s'en éloignera un peu, après-demain un peu plus, jusqu'à ce qu'enfin il revienne, au bout d'un an, se lever ou se coucher vis-à-vis le même arbre ou la même tour. Si le maître s'apperçoit que ce qu'il dit à son élève sur la grosseur des astres lui paroît incroyable, n'aura-t-il pas plusieurs moyens pour lui rendre sensible cette importante vérité ? Ne peut-il pas, par exemple, lui faire remarquer un vaisseau, qui ne paroit que comme un atôme lorsqu'il est très-éloigné, et qui semble augmenter à mesure qu'il approche de nous ? En un mot n'y a-t-il pas toujours une manière de rendre palpables les discussions les plus abstraites, et n'est-ce pas celle-là qu'on doit employer pour instruire les jeunes gens ?

Des mathématiques.

Le mot *mathématiques* est grec ; il signifie en lui-même toutes sortes de sciences ; mais il est actuellement restraint à celles qui regardent les grandeurs ou les quantités. Comme rien n'est plus propre que cette science pour donner de l'étendue à l'esprit, pour mettre de l'ordre et de la netteté dans ses idées, pour l'exercer à une grande justesse, on sent que l'estime qu'on fait généralement des mathématiques, est bien fondée, et que ce seroit manquer un des points essentiels à l'éducation, que de les laisser ignorer à son élève.

Les mathématiques se divisent et se subdivisent en plusieurs branches ; mais à quelque division qu'on s'en tienne, il est nécessaire de commencer par la pratique, et de finir par la spéculation. Après qu'on aura bien formé son élève a manier la règle et le compas, il sera mieux disposé à recevoir les raisonnements propres à indiquer l'usage qu'on peut faire des signes et des quantités

De la géographie.

La géographie est regardée comme l'œil de l'histoire, et la main qui nous conduit dans nos voyages. A chaque instant on a besoin de cette science, soit qu'on lise, soit qu'on parle, soit qu'en voyage ; mais faut-il l'apprendre comme on fait souvent dans un livre de géographie ? L'expérience a appris qu'il étoit bien plus facile de l'apprendre sur une carte. On met cette carte devant l'écolier ; on la divise en plusieurs bandes parallèles ; on lui indique à quoi servent les lignes qui la partagent et la coupent en des sens opposés ; et on lui dit que dans la position où il est devant sa carte, l'est se trouve à sa droite, l'occident à sa gauche, le midi au bas de la carte et le nord au haut ; on ajoute que telle carte représente telle partie du monde, tel empire qui se partage en différentes parties, les unes au nord, les autres au couchant, d'autres au midi, d'autres à l'orient, d'autres enfin au milieu ; que les parties du nord sont en tel nombre, celles du couchant en tel autre, etc. D'après ceci, il n'est plus que tion que de voyager sur cette carte, aujourd'hui dans la partie du nord, demain dans les contrées de l'occident, ainsi de suite, en remarquant les rivières et les communes principales par où l'on passe, en observant les limites et les passages d'une préfecture à une autre, et rendre ces voyages agréables, en rapportant des anecdotes, des histoires amusantes, des traits intéressants, des particularités frappantes sur les habitants et les lieux qu'on visite.

Nous renvoyons pour l'histoire et pour la morale, à ce qui en a été dit dans la première partie de cet ouvrage.

Un jeune homme ainsi formé à la maison, ne pourra manquer de se distinguer quand il sera mis dans quelque école publique.

CINQUIÈME PARTIE.

Moyens d'épargner à la République les frais énormes qu'exigeroient les écoles primaires, et de donner aux gens de campagne les connoissances dont ils ont besoin pour devenir d'excellents citoyens.

Les arts, l'agriculture, le service militaire et les instructions nécessaires pour remplir ces objets avec distinction et d'une manière utile, sont les seules connoissances qu'un bon gouvernement doit s'appliquer à donner aux gens de la campagne : tout le reste ne pourroit que les détourner de leur destination, et que nuire à la société. Il faut donc les tourner touts vers ces objets intéressants ; le reste ne doit leur être proposé que comme un moyen de se perfectionner dans leur état, et de rendre leur commerce plus liant, plus doux, plus sûr, plus actif et plus utile. Il suffit conséquemment de leur former le cœur par l'exemple de toutes les vertus domestiques et civiles, de leur apprendre à écrire et à lire, l'arithmétique vulgaire, un peu d'arpentage, un recueil des devoirs de l'homme et du citoyen, et un abrégé de notre constitution et des parties les plus importantes du code civil. Tout ces objet peuvent être renfermés dans quatre livrets bien faits, bien imprimés et reliés proprement. Par ce moyen, l'éducation sera uniforme et la même pour toutes les campagnes et les petites villes. On remettroit ces livres entre les mains d'un ou de deux vieillards les plus respectables de chaque commune, pour faire autant de classes particulières que la population du lieu l'exigeroit. Ces precieux vieillards seroient regardés comme des magistrats domestiques préposés à la conduite de la jeunesse, comme des anges tutélaires destinés à la diriger par leurs expériences et par la pratique de toutes les vertus. Ce seroit pour les jeunes gens une espèce de divinité qui présideroit à toutes leurs démarches, et pour les vieillards une sorte de nouvelle vie, une source de plaisirs seuls convenables à leur âge, et la digne récompense de leurs vertus, puisque cet âge n'est jamais si heureux que lorsqu'il communique à l'enfance les choses qu'il a vues et apprises dans le cours de sa longue vie. Cependant ces écoles seront surveillées par la commune du lieu, et soumises à l'inspection du collège de la ville la plus voisine. Or, il n'est aucune commune qui ne puisse remplir le but qu'on se propose ici pour les écoles primaires. Pour diriger l'instinct et la simple intelligence, il suffit d'avoir le cœur bon, un peu d'expérience, des méthodes simples, de voir aller son élève et de le guider. Quant aux honoraires de ces respectables instituteurs, tous connus, tous chéris dans leur commune, il y sera pourvu assez abondamment par quelques mesures de bled que donneront les laboureurs, et quelques pièces de monnoie que leur offriront les manouvriers.

Je pense de plus qu'on devroit exiger des maîtres de campagne, de ne tenir leurs écoles, pendant les travaux de l'été, que sur la fin de la journée, afin que l'instruction ne nuisît pas aux travaux ordinaires. Pendant le jour, les uns iroient apprendre des métiers, les autres seroient chargés du soin de la maison, d'autres iroient à la charrue, veilleroient à la garde des bestiaux, etc. Sur le soir, les garçons se rassembleroient chez le maître et les filles chez la maîtresse, où ils se délasseroient en s'instruisant, et finiroient la classe par des jeux propres à les égayer, à leur procurer un doux sommeil, si favorable à la digestion et à la nutrition, et à leur donner du goût pour ces petites assemblées.

Quant aux écoles des villes, nous croyons qu'il suffit d'y établir cinq maîtres, selon le plan que nous en avons tracé dans la première et la seconde partie de cet ouvrage.

C'est une folie de croire qu'en privant les villes du second ordre d'une instruction suivie, les écoles centrales seront plus fréquentées. Tout le contraire doit arriver. Si les habitants de ces villes du second ordre trouvoient chez eux une instruction qu'ils ne veulent ou qu'ils ne peuvent aller chercher loin d'eux, ils prendroient près de la maison paternelle le goût des sciences ; et ceux qui s'y seroient distingués ne manqueroient pas d'aller se perfectionner dans l'école centrale de leur préfecture. Les professeurs de ces écoles secondaires, ayant la perspective d'obtenir enfin une place dans l'école centrale, travailleroient à leur perfection en touts genres ; alors on n'auroit, dans les écoles centrales, que l'élite des maîtres et des écoliers. Tant qu'il n'y aura pas de colléges dans les villes du second ordre, on manquera de bons maîtres pour les grandes écoles, et d'écoliers distingués dans les sciences exactes.

Quelques réflexions sur le projet d'une éducation commune pour l'enfance.

On tonne depuis long-temps contre l'abus de l'ancienne éducation, sans pouvoir s'accorder sur les moyens de la remplacer (1). Le Pelletier, dans son plan d'éducation

---

(1) Nous nous sommes pressés de détruire avant d'avoir les matériaux pour reconstruire ; et cependant une lacune dans l'éducation d'une génération peut occasionner un mouvement rétrograde, d'un siècle peut-etre, dans la régénération d'un peuple. On s'est imaginé qu'il étoit aussi aisé de renouveller un grand empire, qu'une ville comme Lacédémone ; c'est ne pas savoir apprécier les circonstances, ni les hommes, ni les moyens. Il n'y a eu qu'un Lycurgue comme une seule Sparte. On s'est aussi évertué à ridiculiser la longueur des anciennes études, notre manière d'étudier les langues mortes. Il y avoit alors des abus sans doute qu'il falloit détruire ; mais il est bien à craindre qu'en voulant trop abréger le temps de l'éducation, on ne forme que des hommes superficiels, toujours prêts à prononcer sur tout, sans connoissance de cause ; car la présomption, l'opiniâtreté, l'impertinence, caractérisent assez ordinairement les esprits bornés :

commune, n'en voit pas de meilleur que de s'emparer de l'enfance, depuis cinq ans jusqu'à douze, pour être élevée en commun, loin de la maison paternelle. Nous ne craignons pas de dire que ces nombreux rassemblements, dans un âge si tendre, ne sont propres qu'à corrompre la jeunesse au physique comme au moral. C'est une vérité d'expérience, qu'il n'est guères possible de réunir tant de jeunes gens, sans accumuler touts les principes de dépravation. C'est là que les passions sont toujours précoces, que l'imagination, au défaut du tempérament, allume le feu de la volupté. Quel triste présage pour la patrie, que des hommes efféminés ou abâtardis! Les rivalités, les jalousies, les méfiances, etc., vices nécessaires de ce régime, font naître la cruauté, la fourberie, l'égoïsme, etc.

Le premier devoir d'un père est d'élever lui-même ses enfants; il n'est pas digne de l'être, s'il renonce à ces fonctions saintes, s'il ne veille lui-même sur ce précieux dépôt. Ame vénale! s'écrie dans son indignation, un philosophe très-connu, crois-tu donner à ton fils un autre père pour de l'argent? Des sages (1) censurent depuis long-temps la manière trop rude d'élever les enfants, dont l'effet presqu'infaillible est de rendre les mœurs féroces (2). Ils ont peint comme dénaturés les parents qui mettent leurs

---

et ce qui doit causer de justes allarmes, on sait que d'ignares déclamateurs peuvent inspirer une sorte d'engouement au peuple, jusqu'à pouvoir prétendre aux places les plus importantes. Le don de réfléchir et de raisonner juste, suppose des études sérieuses; et la faculté de s'énoncer, pour être utile, demande des connoissances profondes. Quant à l'étude des langues, le commerçant peut s'en tenir sans doute aux langues vivantes; mais que le législateur et le magistrat se forment sur-tout à l'étude des langues anciennes; car véritablement, tant qu'il y aura des hommes éclairés et sensibles sur la terre, les anciens seront toujours les législateurs du goût, de la morale, de la vertu. C'est à cette école des anciens que l'on puise, avec leur génie, des leçons de morale, de grandeur d'ame, d'amour de la patrie, des loix et de la liberté. Ceux qui ne voient dans cette étude que du grec et du latin, s'abusent grandement : il faut encore plus chercher, dans ces saintes émanations de l'antiquité, les traces des vertus, que le feu du génie.

(1) Voyez Montagne, Jean-Jacques, le Spectateur anglais, Bernardin de Saint-Pierre.

(2) Je pourrois démontrer par une foule d'exemples, dit Bernardin de Saint-Pierre, que la dépravation de nos plus fameux scélérats, a commencé par la cruauté même de leur éducation.

enfants

enfants en nourrice, et les envoient dans des pensions sitôt qu'ils savent balbutier quelques mots. Mais où les enfants seront-ils élevés avec plus de douceur que dans la maison paternelle ? Où trouveront-ils une autorité plus aimable, un joug mieux proportionné à leur foiblesse, une voix plus efficace, plus persuasive, pour graver dans leur cœur les leçons de la vertu ? Il y a tout à espérer, quand c'est l'amour qui les donne et l'amour qui les reçoit.

On nous objectera sans doute qu'il est beaucoup d'hommes incapables d'élever leurs enfants. Qu'on veuille bien considérer que, dans cette première époque de la vie, il n'est pas question de développer les talents, de former aux sciences ; il ne s'agit que d'une instruction négative, qui consiste à éloigner les vices et à diriger au bien les premières impressions de l'homme ; et pour cela ne suffit-il pas d'un cœur aimant et vertueux (1) ? D'ailleurs, si l'on encourage, par des récompenses, ceux qui cultivent le mieux la terre, qui lui font porter de meilleurs fruits et en plus grande quantité, qu'on ne soit pas moins libéral envers les pères qui auront formé les meilleurs citoyens ; qu'on sème l'honneur et on recueillera la vertu (2).

Est-il bien vrai aussi qu'on forme des hommes à la patrie, quand on les arrache à la nature ? On affoiblit à coup sûr la piété filiale, la tendresse paternelle (3) et les devoirs essentiels qui en dérivent. En détruisant ce qui fait le charme de l'union conjugale, on provoque les divorces,

---

(1) Le sensible auteur des Etudes de la Nature ne veut pas qu'on s'informe si un instituteur est un philosophe ; mais aime-t-il les enfants ? fréquente-t-il les malheureux ? est-ce un homme sensible ? a t il de la vertu ?

(2) Qu'un homme de mauvaise vie soit privé de l'honneur d'élever ses enfants ; cette flétrissure et l'encouragement que je propose, deviendront un motif d'une sainte émulation, et tourneront au profit des mœurs et de la vertu.

(3) Plutarque et Valère Maxime parlent avec attendrissement des seize Eliens, qui n'avoient pour eux tous qu'une petite maison a la ville et une petite terre à la campagne, où ils vivoient touts ensemble, autour du même foyer, chacun avec leurs femmes et leurs enfants. Cette famille, si recommandable par ses vertus domestiques, donna de grands hommes à la patrie. Aujourd'hui, dit Plutarque, les parents et les frères, s'ils ne separent leurs héritages par de grandes rivières, s'ils ne mettent entr'eux des régions entières, ils se trouvent trop voisins.... Rome n'étoit plus libre quand Plutarque écrivoit. (*Vie de Paul Emile.*)

dont la fréquence annonce la perte des mœurs. Le relâche-
ment des vertus domestiques entraîne la ruine du patriotisme. Bernardin de Saint-Pierre attribue le peu de patriotisme des nations modernes à l'affoiblissement des vertus
domestiques. Il observe qu'il y en avoit, au contraire,
beaucoup chez les anciens, où ces vertus étoient en honneur. A Rome, par exemple, chaque citoyen se flattoit
d'influer sur les grandes destinées de sa patrie, et de pré-
sider un jour, comme un dieu tutélaire, sur celles de sa
postérité.

Nous pensons encore que le plan de le Pelletier n'attein-
droit pas son but. L'éducation est à peine ébauchée à douze
ans ; et dans le système qui envisage la maison paternelle
comme un asile dangereux pour les enfants, ceux-ci y auroient bientôt perdu les fruits de l'éducation publique ; car
ce n'est point à cet âge que les caractères reçoivent une
empreinte ineffaçable. On sait que la nature est très-tardive
dans beaucoup d'enfants. Avant l'âge de puberté, ce sont
des demi-plantes, des formes imparfaites. Loin donc d'a-
voir des hommes, on formeroit des êtres amphibies. Et
d'ailleurs, cette multitude immense de précepteurs que
nécessiteroit le plan de le Pelletier, offriroit-elle par-tout
les talents et les vertus ? O quelle ame sublime ! s'écrie
J.-Jacques, en parlant d'un bon précepteur ; il faut être
ou père ou plus qu'homme soi-même. Que deviendroit le
dépôt de notre régénération, s'il se trouvoit un certain
nombre d'instituteurs sans moralité, sans autre recomman-
dation qu'un air de patriotisme, sans autre mérite qu'un
bavardage insensé, qu'une prétendue philosophie qui sème,
comme le disoit J.-J., des doctrines désolantes, qui arra-
chent du fond du cœur les remords du crime et les consolations de la vertu. Quels gardiens de l'innocence ! Ne
nous y trompons pas, la nature a tellement destiné les
pères et mères à donner la première éducation à leurs enfants, qu'elle a voulu que rien ne fût capable de les remplacer dans ce pénible soin. Quelque soin que l'on prenne
des animaux qu'on enlève à leur mère, s'ils ne sont formés
avant ce temps, ils dépérissent et perdent une partie de leur
énergie et de leur caractère. Cette espèce d'analogie entre
celui qui nourrit et celui qui reçoit la nourriture, si nécessaire à l'accroissement, ne se trouvera jamais aussi parfaitement dans un instituteur et son disciple, qu'entre un

père et un fils. Un enfant élevé par un maître public, est une plante confiée à un climat étranger (1)

Ajoutons à ces motifs, une considération qui n'est pas moins puissante. On ôteroit à des malheureux époux tout ce qui fait le charme de leur vie. Quoi de plus propre que les caresses d'un enfant, à délasser un père qui est condamné à passer les jours et les nuits courbé sous le poids d'un travail pénible et constant ? Qui peut mieux que lui sécher les larmes d'une mère infortunée qui pleure la perte de son époux ? Et n'est-ce pas le tableau des jeux de l'enfance, qui rend nos campagnes vivantes ? Qu'il seroit dur d'enlever toutes les jouissances de la nature à ceux auxquels la fortune refusa toutes les siennes.

Suivons donc la route tracée par la nature. Elle veut qu'une mère allaite son enfant, qu'un père en soit le premier précepteur. Renverser cet ordre, c'est quitter la réalité pour courir après une ombre ; c'est laisser l'homme de la nature pour composer un être factice ; c'est le rendre étranger à tout, lui inspirer de l'indifférence pour les devoirs de père, d'époux, de frère, d'enfant, etc. C'est donc ébranler l'ordre social, en détruisant les vertus qui lui servent de base (2).

Le plan de le Pelletier est encore plus pernicieux au physique qu'au moral. Outre, comme nous venons de le

---

(1) La nature a mis dans touts les êtres sensibles un attrait secret pour élever ceux à qui ils ont donné le jour. Les animaux, qui suivent en tout son impulsion, se distinguent par leur tendresse. Qui n'a pas admiré avec attendrissement les soins affectueux et multipliés des oiseaux pour leurs petits ! Les Sauvages, qui sont plus près de la nature, ont une tendresse extrême pour leurs enfants. Le plan que nous combattons contrarie donc les vues de la nature ; et ce n'est jamais impunement qu'on la contrarie. Je prédis à quiconque a des entrailles et néglige de si saints devoirs, dit J.-J., qu'il versera long-temps, sur sa faute, des larmes amères, et n'en sera jamais consolé.

(2) Les plus grands hommes de l'antiquité élevoient eux-mêmes leurs enfants. Ils ne concevoient pas qu'on pût se reposer sur des étrangers du soin de former des hommes à la patrie. Caton l'ancien, qui gouverna Rome avec tant de gloire, ne quittoit son fils que lorsque le service de la république l'exigeoit. Il ne permettoit pas plus de proférer des paroles malhonnêtes en sa présence que devant les vestales (*Plutarque*) Paul Emile, au milieu de ses triomphes, ne perdoit pas de vue ses enfants. Plaute dit que c'est élever un monument à sa maison et à soi-même, que de prendre soi-même soin de l'éducation de ses enfants. *Educare liberos monumentum generi et sibi.*

dire, que rien ne peut suppléer les attentions et les solli-
citudes d'une mère, il est très-dangereux, sur-tout quand
le corps se développe, de respirer un air mort, sans res-
sort et chargé de corpuscules nuisibles; et tel est l'air des
maisons où l'on rassemble une quantité de monde. Voilà
pourquoi nos hôpitaux deviennent souvent, pour la plupart
des malades, des tombeaux anticipés. On a beau y élever
des dômes, y pratiquer des ventilateurs; la base de l'air,
toujours plus pesante que le reste, et le réservoir du gaz
acide carbonique, d'autant plus dangereux que sa pesan-
teur le retient dans la région inférieure, cette base, dis-je,
ne s'ébranle jamais assez pour rejetter toute l'infection que
produisent la transpiration insensible, la respiration, les
vapeurs du charbon, les poêles; les chandelles, etc. etc.

F I N.